Arquitetura
de sistemas
de remuneração

Central de Qualidade — FGV Management
ouvidoria@fgv.br

PUBLICAÇÕES FGV Management

SÉRIE GESTÃO DE PESSOAS

Arquitetura de sistemas de remuneração

Maria Zélia de Almeida Souza
Francisco Rage Bittencourt
Jorge Cunha
Sérgio Campos Pereira Ramos

FGV | EDITORA IDE

Copyright © 2016 Maria Zélia de Almeida Souza, Francisco Rage Bittencourt, Jorge Cunha, Sérgio Campos Pereira Ramos

Direitos desta edição reservados à
EDITORA FGV
Rua Jornalista Orlando Dantas, 37
22231-010 — Rio de Janeiro, RJ — Brasil
Tels.: 0800-021-7777 — 21-3799-4427
Fax: 21-3799-4430
editora@fgv.br — pedidoseditora@fgv.br
www.fgv.br/editora

Impresso no Brasil / *Printed in Brazil*

Todos os direitos reservados. A reprodução não autorizada desta publicação, no todo ou em parte, constitui violação do copyright (Lei nº 9.610/98).

Os conceitos emitidos neste livro são de inteira responsabilidade dos autores.

1ª edição — 2016

Preparação de originais: Sandra Frank
Editoração eletrônica: FA Studio
Revisão: Fatima Caroni
Revisão: Aleidis de Beltran e Fatima Caroni
Capa: aspecto:design
Ilustração de capa: Felipe A. de Souza

Ficha catalográfica elaborada pela
Biblioteca Mario Henrique Simonsen/FGV

Souza, Maria Zélia de Almeida
    Arquitetura de sistemas de remuneração / Maria Zélia de Almeida Souza...[et al.]. — Rio de Janeiro : Editora FGV, 2016.
    164 p. — (Gestão de pessoas (FGV Management))

    Em colaboração com: Francisco Rage Bittencourt, Jorge Cunha, Sérgio Campos Pereira Ramos.

    Publicações FGV Management.
    Inclui bibliografia.
    ISBN: 978-85-225-1798-5

    1. Sistemas de remunerações salariais. 2. Salários. 3. Desenvolvimento organizacional. 4. Cultura organizacional. I. Bittencourt, Francisco Rage. II. Cunha, Jorge. III. Ramos, Sérgio Campos Pereira. IV. FGV Management. V. Fundação Getulio Vargas. VI. Título. VII. Série.

CDD — 658.32

À FGV, pela oportunidade e iniciativa.
Aos colegas, pelo efetivo compartilhamento de informações.
Aos nossos alunos, razão de ser deste trabalho.

Sumário

Apresentação 11

Introdução 15

1 | Contextualizando a remuneração 17
    Arquitetura de sistemas de remuneração 17
    As transformações no contexto organizacional nas últimas décadas 20
    O desafio da competitividade e a lógica da remuneração 23
    O ser humano e o adicionamento de valor 25
    Cultura organizacional: um conceito-chave na modelagem de sistemas de remuneração 27
    Alinhando estratégias empresariais e recompensas financeiras 34

As parcelas que compõem o total das recompensas financeiras   37

2 | Remuneração fixa   43

Sistema de remuneração tradicional   43

Remuneração baseada em competências   72

3 | Remuneração indireta   77

Benefícios: tradução da estratégia organizacional   77

Fatores impactantes nos projetos de planos de benefícios das empresas   79

Classificação dos benefícios   81

Benefícios flexíveis   84

Benefícios básicos   85

4 | Remuneração variável   97

Remuneração variável no contexto atual   97

Variáveis impactantes na composição da remuneração variável   98

Vantagens da remuneração variável   104

Operacionalização da remuneração variável: fundamentos   107

Considerações complementares sobre remuneração variável   114

5 | Remuneração estratégica   117

O sistema organizacional *versus* a arquitetura de sistemas de remuneração   118

A lógica da transformação de despesa em investimento   122

Remuneração estratégica: combinação de diferentes
  formas de remuneração   126

Cultura organizacional e as arquiteturas dos sistemas
  de remuneração   132

Conclusão   139

Referências   143

Apêndices   149

   A Modelo de descrição de cargo que poderá ser implementado   149

   B Sugestão de formulário para pesquisa salarial   150

   C Exemplo de descrição dos graus hierarquizados   151

   D Exemplo de fatores que podem ser utilizados para avaliação de cargos administrativos por pontos   152

   E Modelo de normas para a administração do PCS   154

Os autores   159

Apresentação

Este livro compõe as Publicações FGV Management, programa de educação continuada da Fundação Getulio Vargas (FGV).

A FGV é uma instituição de direito privado, com mais de meio século de existência, gerando conhecimento por meio da pesquisa, transmitindo informações e formando habilidades por meio da educação, prestando assistência técnica às organizações e contribuindo para um Brasil sustentável e competitivo no cenário internacional.

A estrutura acadêmica da FGV é composta por nove escolas e institutos, a saber: Escola Brasileira de Administração Pública e de Empresas (Ebape), dirigida pelo professor Flavio Carvalho de Vasconcelos; Escola de Administração de Empresas de São Paulo (Eaesp), dirigida pelo professor Luiz Artur Ledur Brito; Escola de Pós-Graduação em Economia (EPGE), dirigida pelo professor Rubens Penha Cysne; Centro de Pesquisa e Documentação de História Contemporânea do Brasil (Cpdoc), dirigido pelo professor Celso Castro; Escola de Direito de São Paulo (Direito GV), dirigida pelo professor Oscar Vilhena Vieira; Escola de Direito do Rio de Janeiro (Direito Rio), dirigida pelo professor Joaquim

Falcão; Escola de Economia de São Paulo (Eesp), dirigida pelo professor Yoshiaki Nakano; Instituto Brasileiro de Economia (Ibre), dirigido pelo professor Luiz Guilherme Schymura de Oliveira; e Escola de Matemática Aplicada (Emap), dirigida pela professora Maria Izabel Tavares Gramacho. São diversas unidades com a marca FGV, trabalhando com a mesma filosofia: gerar e disseminar o conhecimento pelo país.

Dentro de suas áreas específicas de conhecimento, cada escola é responsável pela criação e elaboração dos cursos oferecidos pelo Instituto de Desenvolvimento Educacional (IDE), criado em 2003, com o objetivo de coordenar e gerenciar uma rede de distribuição única para os produtos e serviços educacionais produzidos pela FGV, por meio de suas escolas. Dirigido pelo professor Rubens Mario Alberto Wachholz, o IDE conta com a Direção de Gestão Acadêmica pela professora Maria Alice da Justa Lemos, com a Direção da Rede Management pelo professor Silvio Roberto Badenes de Gouvea, com a Direção dos Cursos Corporativos pelo professor Luiz Ernesto Migliora, com a Direção dos Núcleos MGM Brasília, Rio de Janeiro e São Paulo pelo professor Paulo Mattos de Lemos, com a Direção das Soluções Educacionais pela professora Mary Kimiko Magalhães Guimarães Murashima e com a Direção dos Serviços Compartilhados pelo professor Gerson Lachtermacher. O IDE engloba o programa FGV Management e sua rede conveniada, distribuída em todo o país e, por meio de seus programas, desenvolve soluções em educação presencial e a distância e em treinamento corporativo customizado, prestando apoio efetivo à rede FGV, de acordo com os padrões de excelência da instituição.

Este livro representa mais um esforço da FGV em socializar seu aprendizado e suas conquistas. Ele é escrito por professores do FGV Management, profissionais de reconhecida competência acadêmica e prática, o que torna possível atender às demandas do mercado, tendo como suporte sólida fundamentação teórica.

A FGV espera, com mais essa iniciativa, oferecer a estudantes, gestores, técnicos e a todos aqueles que têm internalizado o conceito de educação continuada, tão relevante na era do conhecimento na qual se vive, insumos que, agregados às suas práticas, possam contribuir para sua especialização, atualização e aperfeiçoamento.

Rubens Mario Alberto Wachholz
Diretor do Instituto de Desenvolvimento Educacional

Sylvia Constant Vergara
Coordenadora das Publicações FGV Management

Introdução

O título do livro *Arquitetura de sistemas de remuneração* foi inspirado no modo de projetar ambientes concebido pelos arquitetos. Eles, segundo Gerstein (1993), utilizam a luz como se fosse um cinzel para modelar espaços, formas e revelar tessituras. Sua "plasticidade" é fundamental para modelar as necessidades de seus clientes.

Atraídos por essa metáfora, entendemos que aqueles que efetuaram a escolha de modelar recompensas financeiras nada mais são do que "arquitetos" de sistemas de remuneração. Eles usam informações oriundas da análise da ambiência organizacional como holofotes, para iluminar escolhas adequadas a determinada organização. Inexiste a arquitetura adequada em si mesma. O que há são arquiteturas de sistemas de remuneração mais adequadas à conciliação dos interesses das organizações e dos empregados.

Nosso objetivo, portanto, é compartilhar com você reflexões que julgamos relevantes quando da escolha da arquitetura do sistema de remuneração. Essa decisão não é uma tarefa simples. Exige, além do conhecimento, a atenção criteriosa a aspectos delicados, muitas vezes não explicitados pelos discursos gerenciais, porém decisivos para o sucesso da modelagem do sistema de remuneração a ser implementado.

Este livro tem uma meta audaciosa, cuja avaliação caberá a você, leitor. Buscamos contribuir para estimular a reflexão sobre as questões relativas a *quantum* um trabalho vale. Estamos nos propondo a oferecer subsídios ao pensamento reflexivo; não temos a pretensão de oferecer respostas. Essa foi nossa orientação ao apresentar o tema em cinco capítulos.

O primeiro tem como objetivo compartilhar nossas reflexões sobre as questões relacionadas aos impactos que as arquiteturas dos sistemas de remuneração sofrem em face das pressões, cada vez maiores, da competição do atual mundo dos negócios.

O segundo capítulo tem como foco a remuneração fixa. Sem dúvida, é a parcela da remuneração total sobre a qual mais se escreveu. O tradicional plano de cargos e salários é o arauto dessa arquitetura de remuneração. A remuneração por competência também é trabalhada nesse capítulo.

O capítulo 3 aborda o tema "benefícios" ou "salário indireto".

O quarto capítulo trata da questão da remuneração variável, analisando suas premissas e as razões que têm levado as organizações a vincular remuneração a desempenho.

O quinto e último capítulo traz a remuneração estratégica para o centro do debate acerca do alinhamento dos sistemas de remuneração à estratégia organizacional.

Finalmente, a conclusão ressalta que as mudanças observadas no ambiente organizacional ainda estão sendo absorvidas pelas empresas quando se fala em sistemas de remuneração. A coexistência de modelagens tradicionais e estratégicas é um fato inquestionável. As mudanças avançam progressivamente, porém ainda se observa fortemente o modo tradicional de atuação.

1

Contextualizando a remuneração

Este capítulo tem como objetivo ampliar a compreensão das transformações observadas nas formas de projetar sistemas de recompensas financeiras nas últimas décadas. Assim, são assinalados os fatores que impactam a construção de arquiteturas de sistemas de remuneração. Nesse sentido, são duas suas propostas: em primeiro lugar, assinalar as principais transformações observadas no ambiente organizacional, decorrentes da reestruturação produtiva mais recente, ou seja, a partir dos anos 1970, mas, sobretudo, desde os anos 1990. E, num segundo momento, enfatizar como os sistemas de remuneração podem contribuir para a consecução e a sustentação de vantagem competitiva ao conciliar interesses empresariais e individuais.

Arquitetura de sistemas de remuneração

Todos os envolvidos com a questão das recompensas financeiras nas organizações observam, sem maiores dificuldades, que nos últimos anos esse tema tem sido alvo de muito debate.

A lógica que permeou durante décadas as formas de recompensar o empregado pelos serviços prestados tem recebido inúmeros questionamentos. Basta observar o número de publicações e seminários que objetivam esclarecer por que os chamados sistemas de remuneração tradicional não estão atendendo com eficácia às demandas organizacionais. Entre as limitações atribuídas a esse modelo, a equipe Coopers & Lybrand foi uma das primeiras a enfatizar sua inflexibilidade, falsa objetividade, conservadorismo, falta de sincronia com a visão e orientação estratégica, entre outros pontos.

Nessa linha de pensamento Lawler III (1990) contribui assinalando que os sistemas tradicionais foram delineados para empresas inseridas numa ambiência organizacional muito distinta da observada atualmente. Assim, podemos afirmar que a construção de arquiteturas de sistemas de remuneração eficazes deverá ter como alicerce fundamental o mapeamento da ambiência organizacional. Ele revela o conjunto de forças que influenciam a dinâmica da organização, fornecendo os subsídios necessários à escolha da melhor estratégia de recompensa financeira para a organização.

O alicerce de uma arquitetura eficaz consiste nas informações originadas da análise ambiental. Logo, fornecem os subsídios necessários ao delineamento da melhor estratégia para a organização atender de modo eficaz às demandas do ambiente, viabilizando, desse modo, a consecução de seus objetivos.

Nesse sentido, convém revisitar a categorização desenvolvida por estudiosos da ambiência organizacional, cujo consenso aponta três perspectivas:

❏ macroambiente – inclui os fatores políticos, sociais, demográficos, econômicos, tecnológicos e ecológicos que influenciam igualmente as organizações;

❏ microambiente – abrange os segmentos que orientam transações frequentes no contexto interno da organização e afetam diretamente suas operações básicas e seu desempenho, incluindo fornecedores, clientes, concorrentes, agências reguladoras e mercado de trabalho;
❏ ambiente interno, ou seja, o ambiente em que cada liderança gerencial atua.

É importante compartilhar que nesta publicação, em concordância com alguns autores, como Daft (2005), utilizaremos a abordagem que incorpora a cultura organizacional, a tecnologia da produção, a estrutura organizacional e as instalações físicas como elementos do ambiente interno.

Em função disso, a arquitetura dos sistemas de remuneração resultará do diálogo entre dois sistemas, iluminado pela análise da ambiência organizacional de cada empresa, como veremos no decorrer deste livro. Enquanto um apoiar-se-á no cargo, o outro o fará no valor agregado pelo empregado. Assim, quanto maior for o diálogo entre esses dois alicerces, maior a possibilidade de a arquitetura atender às demandas da organização.

Reiterando, nosso intuito neste livro é trazer à tona as mudanças que as práticas de recompensas financeiras vêm sofrendo a partir dos anos 1970, mas, sobretudo, desde os anos 1990, bem como seus condicionantes. Enfim, buscamos contribuir para a expansão da visão sobre as possibilidades que os sistemas de remuneração representam na criação de valor para as organizações.

O que é relevante na escolha de uma arquitetura do sistema de remuneração? A resposta a essa indagação não é simples. A competência técnica é necessária, porém é insuficiente. É importante considerar aspectos sutis, porém de extrema relevância à eficácia desse sistema.

Um sistema arquitetado de modo indevido, por exemplo, em face da ausência da observação de variáveis que influenciam o ambiente organizacional, pode se tornar um instrumento de insatisfação ao criar barreiras à dinâmica organizacional. Ele requer aderência aos valores, à história, à estratégia e à estrutura e processos organizacionais.

Mas nem sempre foi assim. Tradicionalmente, a gestão da remuneração privilegiava sistemas de aplicação universal, assentados na lógica taylorista-fordista que pautava a organização da produção e do trabalho, aproximadamente, até os anos 1970.

A partir de então, exigências econômicas impuseram o abandono de arquitetura dos sistemas de remuneração fundamentados em abordagens mecanicistas. Um novo tipo de racionalização, inspirado no modelo de produção japonês, se impôs.

Em síntese, esse novo modo de pensar exigiu alterações nas premissas dos modelos vigentes à época. O trabalhador passou a ser um agente do processo produtivo. A valorização do trabalho em equipe, do autogerenciamento em detrimento da superespecialização do trabalhador e, ainda, de novas possibilidades de recompensas financeiras ilustram as profundas mudanças que favoreceram a emergência de novas arquiteturas de sistemas de remuneração.

Mas como o atual contexto de negócios afeta as modelagens de sistemas de remuneração?

As transformações no contexto organizacional nas últimas décadas

O macroambiente organizacional sofreu significativas transformações decorrentes de influências políticas, econômicas, sociais, tecnológicas. A queda do muro de Berlim e o fim da União Soviética são exemplos de fatos relevantes ocorridos no final dos anos 1980 e início dos anos 1990.

Por conseguinte, significativas mudanças afetaram o microambiente organizacional. Tornou-se necessária a emergência de novas estratégias de negócios para enfrentar os desafios impostos pelo ambiente turbulento. Entre outras, merecem destaque a terceirização de atividades que não faziam parte do *core business*, a concepção de novos modelos de governança corporativa, o crescente processo de fusões e aquisições.

Enfim, o ambiente interno é reconfigurado para atender às exigências do contexto organizacional decorrente da reestruturação produtiva mais recente, ou seja, dos anos 1990.

As organizações redesenharam seus processos, estruturas e estilo de gerenciamento para o enfrentamento de desafios inéditos. Wood Jr. e colaboradores (2009) analisaram esse processo de mudança organizacional, categorizando-o em três grupos, conforme apresentado no quadro 1.

Quadro 1
TENDÊNCIAS DECLINANTES E ASCENDENTES

Categorias	Tendências declinantes	Tendências ascendentes
Características do trabalho	Reprodutividade Divisão rígida das tarefas Experiência anterior Taylorismo Liderança autoritária Presencial	Criatividade Flexibilidade Interfaces nebulosas Multiespecialização Aprendizado contínuo Liderança representativa Remoto
Estruturas organizacionais	Hierarquia vertical Centralização Perenidade Aglutinação de funções	Redução de níveis hierárquicos Descentralização e autonomia Instabilidade como fator de evolução Terceirização
Características da gestão empresarial	Foco na produção Teorias quantitativas Distância capital/trabalho Gestão baseada no cargo	Foco na gestão da informação e conhecimento Visão comum, identidade e valores compartilhados Foco nos recursos humanos Colaboração, participação nos lucros Gestão baseada em competências e resultados

Fonte: adaptado de Wood Jr. e colaboradores (2009:67).

Esse processo de transformação trouxe algo inédito. Foi a primeira vez, na história da humanidade, que o ser humano foi concebido como uma fonte de vantagem competitiva. Castells, na publicação *A sociedade em rede* (2007:69), afirma que o que caracteriza a presente transformação nas sociedades, por ele denominadas conexionistas,

> não é a centralidade do conhecimento e informação, mas sim a aplicação do conhecimento e da informação para a geração de conhecimento e de dispositivos de processamento/comunicação da informação, em um ciclo de realimentação cumulativo entre inovação e uso.

O autor enfatiza que "computadores, sistemas de comunicação, decodificação e programação genética são todos amplificadores e extensões da mente humana" (Castells, 2007:69). A ideia explicitada em Castells é a base que sustenta as práticas alinhadas ao discurso gerencial contemporâneo, ou seja, à valorização do capital humano.

A contribuição do elemento humano no espaço organizacional, pouco relevante na sociedade industrial, assume importância, principalmente após os trabalhos desenvolvidos por Kaplan e Norton e publicados em *A estratégia em ação* (1997).

Os autores defendem que medidas baseadas exclusivamente em dados financeiros são incapazes de gerar valor econômico para o futuro das organizações. Elas não consideram um mapeamento balanceado dos problemas que afetam o desempenho organizacional. Em face desse argumento, a performance empresarial passa a ser mensurada a partir de outras três perspectivas, além da financeira: *cliente, processos internos* e *aprendizado e crescimento*.

Na seção a seguir, abordaremos como as corporações repensam suas formas de competição, assim como o papel do elemento humano e as formas de recompensá-lo, visando responder com eficácia ao contexto de mudanças.

O desafio da competitividade e a lógica da remuneração

A definição do conceito competitividade não é uma tarefa difícil. Diversos estudiosos do tema já o fizeram. A dificuldade reside em sua operacionalização no cotidiano empresarial. Atestando essa afirmação, Porter (1989:2) afirma:

> A vantagem competitiva surge fundamentalmente do valor que uma empresa consegue criar para seus compradores e que ultrapassa o custo de fabricação pela empresa. O valor é aquilo que os compradores estão dispostos a pagar, e o valor superior provém da oferta de preços mais baixos do que os da concorrência por benefícios equivalentes ou do fornecimento de benefícios singulares que mais do que compensam um preço mais alto.

O desafio das empresas, que atuam num ambiente marcado pelas perspectivas anteriormente assinaladas é, sem dúvida, a criação de mecanismos efetivos de adicionar valor, porém de forma sustentável. Corroborando, Hamel e Prahalad (1995:10) afirmam:

> Não nos interpretem mal. Não temos nada contra a eficiência e a produtividade. Acreditamos, e defendemos energicamente, que uma empresa precisa não só chegar primeiro ao futuro, mas precisa chegar lá gastando menos. Contudo, há mais de um caminho para melhorar a produtividade. Assim como as empresas que cortam o denominador e mantêm o faturamento, as empresas bem-sucedidas que conseguem aumentar seu fluxo de receita com base em um crescimento mais lento ou capital constante e em uma base de empregos, também aumentaram

seus ganhos de produtividade. Embora às vezes a primeira abordagem possa ser necessária, acreditamos que a segunda normalmente é a mais desejável.

Como se pode observar, Hamel e Prahalad propõem uma expansão do conceito. Os autores enfatizam que a competição no tempo atual é diferente. Para ser bem-sucedida, a organização necessita compreender a necessidade de energizar a empresa de cima para baixo, precisa entender que a competição pelo futuro é um processo de descobertas e percepção de oportunidades, para assim chegar primeiro ao futuro, sem correr riscos desmedidos.

É nesse contexto que Hamel e Prahalad (1995:235) introduzem o conceito de competências essenciais. Trata-se de habilidades que permitem à empresa oferecer um benefício fundamental ao cliente:

> Evidentemente, não há nada de tão inovador na proposição de que as empresas competem pela capacidade. A sutileza surge quando se tenta diferenciar as competências, ou capacidades "essenciais" das competências ou capacidades "não essenciais" da organização.

Eles refletem sobre essa questão:

> Uma competência específica de uma organização representa a soma do aprendizado de todos os conjuntos de habilidades tanto em nível pessoal quanto de unidade organizacional. Portanto, é muito pouco provável que uma competência essencial se baseie inteiramente em um único indivíduo ou em uma pequena equipe [Hamel e Prahalad, 1995:234].

Como se pode observar, Hamel e Prahalad (1995) salientam a importância da visão holística da organização e, também, da valorização da energia emocional e intelectual de cada empregado da empresa. Inúmeros trechos da publicação *Competindo pelo futuro* denotam essas orientações, importantes para aqueles interessados em gerenciar efetivamente pessoas e equipes, em especial em arquitetar sistemas de recompensas financeiras.

Concordamos com essa linha de pensamento. Avanços relativos à concepção da arquitetura e do gerenciamento de sistemas de remuneração requerem alternativas que propiciem o alinhamento do desempenho humano ao organizacional, como será abordado nos capítulos subsequentes.

Pressupondo que a concepção de arquiteturas de recompensas pode favorecer ou não esse alinhamento, convidamos você, leitor, a refletir conosco. Como o indivíduo é uma fonte de vantagem competitiva, que adiciona valor à organização, por meio do seu trabalho? Qual a relação entre estratégias empresariais e recompensas financeiras?

O ser humano e o adicionamento de valor

O indivíduo pode propiciar ganhos de eficácia e efetividade se comprometido com o alcance de resultados desejados, independentemente de sua posição hierárquica.

O desafio para as organizações consiste, portanto, em arquitetar sistemas de recompensas que, simultaneamente, motivem níveis crescentes de desempenho excelentes sem custos proibitivos. Tradicionalmente, a fórmula para ter capacidade competitiva passava pelo estudo de tempos e movimentos, tratando de determinar uma única forma correta de executar uma dada atividade.

Essa concepção taylorista para aumentar a produtividade empresarial mostrou-se adequada a uma situação específica, em que as organizações e suas funções caracterizavam-se por serem pouco mutantes. Uma vez definida a estrutura organizacional (funcional), os profissionais de gestão de pessoas analisavam os conteúdos dos cargos e determinavam seu valor interno relativo. Todo o século XX, no tocante aos sistemas de recompensas financeiras, foi dominado por esse conceito. Tal sistema de remuneração visava controlar custos de salários. Proporcionar incentivos financeiros aos funcionários constituía um objetivo secundário. No entanto, havia um compromisso de pagamento por mérito. Na prática, porém, todos os empregados recebiam o mesmo aumento de salário. Uns por mérito, outros por "tempo de casa".

Essa situação acarretou o fracasso na introdução de sistemas de pagamento por mérito que ocasionassem impacto monetário significativo. Em última instância, todos os funcionários tinham o direito ao recebimento de um aumento salarial anual.

A necessidade de desenvolver programas mais efetivos foi acionada pela recessão do início dos anos 1990. As empresas foram obrigadas a reestruturar seus processos de trabalho, suas relações sociais, constituindo um novo sistema sociotécnico, distinto daquele que deu origem aos sistemas tradicionais de recompensas. O novo sistema é marcado pela busca do envolvimento do empregado e pelo estímulo ao desenvolvimento de novas competências. Uma nova lógica começa a impulsionar o mundo dos negócios, de modo a privilegiar a capacidade de satisfazer clientes cada vez mais exigentes, a operar em mercados incertos, com margens de lucros menores e às vezes decrescentes. Em síntese, as organizações foram obrigadas a enfrentar mudanças nascidas de outras crenças e valores: uma mudança de cultura.

Resulta daí a importância do entendimento da cultura organizacional na escolha do sistema de remuneração mais adequado ao modelo de gestão de uma organização específica.

Cultura organizacional: um conceito-chave na modelagem de sistemas de remuneração

A identificação das referidas crenças e dos valores que orientam as práticas organizacionais é o ponto de partida para a criação de planos que viabilizam de forma efetiva o futuro almejado.

Em termos da literatura de negócios, cultura é um conceito que destaca a importância da esfera simbólica do mundo organizacional, valores e crenças que afetam o comportamento das pessoas no seu desempenho econômico e nos processos de mudança (Barbosa, 2002).

Há diversas construções teóricas com perspectivas distintas relativas à cultura organizacional. Delas, escolhemos duas para tratar esse tema. O foco da primeira reside no ambiente social; o da segunda busca entender a questão pela ótica do ambiente técnico, ou seja, da organização do trabalho.

Inexiste incompatibilidade, antes complementação, entre ambas as perspectivas, na medida em que elas possibilitam melhor compreensão da relação entre as formas de organização do trabalho e os sistemas de remuneração. A primeira abordagem é a de Handy (2014), inspirada em Roger Harrison, e a segunda é a de Flannery e colaboradores (1997), da Hay Group.

A abordagem de Handy

Vamos iniciar a compreensão do tema segundo o quadro conceitual de Handy. Ele advoga que a forma de administrar uma organização é resultado de um processo criativo e político diretamente associado à cultura e à tradição prevalecente. Cada organização possui um modo peculiar de fazer, compartilhar, resolver seus problemas e vencer seus desafios. Em função disso, cada uma revela orientações predominantes: poder, papel, tarefa e pessoas.

A cultura do poder

A empresa voltada para a cultura do poder, segundo Handy (2014), tem como principal característica a centralização do poder. É competitiva e prioriza o próprio crescimento em detrimento do bem-estar geral. Ela acredita que pessoas bem-sucedidas são competitivas e fortemente interessadas em ter poder. Os empregados são controlados por meio de recompensas e punições atribuídas por quem tem poder pessoal ou político. Logo, as tarefas são desempenhadas por esperança de recompensa ou medo de punição. Esse tipo de empresa valoriza relações baseadas na confiança, nos laços de lealdade em detrimento do respeito às decisões de profissionais. Frequentemente, as decisões são tomadas pela pessoa de maior poder ou autoridade, mais ciosa da manutenção de seu poder do que da realização eficaz das tarefas.

A cultura do papel

As organizações voltadas para o papel, por sua vez, enfatizam a legalidade, a responsabilidade e a legitimidade. Nela predominam regras e procedimentos. Há respeito pela hierarquia e pelo *status*. É fácil prever comportamentos, geralmente regulados por normas e procedimentos. A adaptação à mudança ocorre de maneira lenta, portanto, a empresa não está preparada para lidar com o imprevisível. As decisões são tomadas com base no que está previsto em regulamentos. A obediência à chefia ocorre porque existe uma designação formal para o chefe. Cumprir ordens é mais valorizado do que a eficácia na realização das tarefas.

A cultura da tarefa

A cultura voltada para a tarefa é direcionada para o alcance de resultados planejados. A ênfase reside na rapidez e na qualidade do trabalho a ser desenvolvido. O talento e a ação empreendedora são valorizados, assim como o trabalho em equipe, a criatividade e a inovação. Se papéis, regras e regulamentos atrapalham a solução do problema, são mudados. A ênfase está na rapidez e na qualidade com que as tarefas são desempenhadas. Esse tipo de empresa apresenta flexibilidade e agilidade para adaptar-se às mudanças, estando sempre atualizada em relação ao que há de mais moderno e mais adequado para a realização de suas atividades. Os empregados são valorizados pelo seu conhecimento técnico e por sua capacidade de realização. As funções de chefia são sempre ocupadas por aqueles que demonstram claramente sua competência.

A cultura da pessoa

A cultura da pessoa tem o indivíduo como ponto central. Como assinala Handy (2014), nas três outras culturas o indivíduo é subordinado à organização. Nessa, a organização existe para ajudá-lo a alcançar seu objetivo. Os indivíduos se veem como profissionais que cedem seus talentos à organização. Portanto, essa cultura é adequada onde o recurso crucial da organização é a habilidade do indivíduo. Assim, o atendimento das necessidades pessoais é uma preocupação da cultura da *pessoa*. Acredita-se que indivíduos motivados são altamente produtivos. O principal objetivo de uma organização voltada para a *pessoa* é o atendimento das necessidades de seus membros. A autoridade, nesse tipo de empresa, é pouco exercida, sendo muitas vezes desnecessária. Os indivíduos colaboram espontaneamente e agrupam-se em função de interesses comuns. As funções são designadas com base em preferências pessoais e na necessidade de crescimento de cada um.

Essa classificação de Handy suscita algumas questões. Uma delas se vincula à efetiva existência de culturas orientadas para a pessoa, ainda pouco comuns. Porém, é o próprio Handy quem nos fornece alguns exemplos de organizações nas quais a cultura da pessoa é encontrada: sociedades de arquitetos, de médicos, de advogados, cooperativas de artistas, entre outras. Peter Drucker, no final dos anos 1980, chamava a atenção para o fato de que

> nos próximos 20 anos os grandes negócios terão pouca semelhança com a companhia industrial típica dos anos 1950, que nossos livros-textos consideram a norma. Em vez disso, é muito provável que se pareçam com organizações a que nem o administrador atuante, nem o estudante de administração dão muita atenção hoje: o hospital, a universidade, a orquestra sinfônica [Drucker, 1988:1].

Assim, novos estilos gerenciais emergiram nas últimas décadas, afetando suas inter-relações com os processos de negócios e as arquiteturas organizacionais, distintos daqueles baseados em especializações excessivas.

A abordagem da Hay Group

A Hay Group, ao estudar o tema, identificou quatro modelos culturais que operam atualmente nas empresas. São eles: a cultura tradicional, voltada para funções, além de outras três novas culturas em evolução: a voltada para processo, a baseada em tempo e a baseada em redes. Cada uma delas é orientada e moldada pelas características específicas dos ambientes negociais onde as organizações atuam.

Cultura voltada para funções

Flannery (Flannery et al., 1997:45), um dos membros da equipe Hay, assinala em seu livro *Pessoas, desempenho e salários* que, "na maior parte dos últimos cem anos, uma única cultura era dominante", ou seja, a cultura voltada para funções. As razões, como vimos, eram a estabilidade do ambiente de negócios, a concorrência limitada e clientes pouco exigentes.

O desenho organizacional se pautava por hierarquias bem definidas, com múltiplos níveis hierárquicos e posições especializadas, entre outros atributos, refletindo valores relativos à minimização de imprevisibilidade, na medida em que se conhecia a concorrência e a clientela, ficando o planejamento e a tomada de decisões claramente separados da execução. Os empregados bem-sucedidos eram especializados, disciplinados e valorizavam a segurança, a ordem, a carreira construída ao longo de anos numa mesma organização.

Cultura voltada para processos

A preocupação crescente com o cliente como força dominante de mercado, associada à explosão tecnológica, levou as organizações à busca de novas formas de organizar o trabalho, redefinir o relacionamento entre chefia e subordinado. O trabalho em uma organização voltada para processos, ao priorizar a qualidade e a satisfação do cliente, estimula a necessidade de projetar processos que possibilitem o trabalho em equipe, em lugar da especialização e do desempenho individual. O planejamento, a execução e o controle estão integrados e situados próximos do cliente. Assim, podemos dizer que os objetivos da organização voltada para processos são ajustados pelos clientes. Os fornecedores, as equipes que executam os processos e os clientes estão vinculados ao processo de tomada de decisão. Os clientes têm um papel na avaliação da satisfação dos funcionários. Os bem-sucedidos nessa cultura são aqueles que valorizam os resultados, a qualidade dos serviços e querem estar associados a um grupo ou equipe.

Cultura baseada no tempo

No começo da década de 1990, o mercado tornou-se mais global, e a tecnologia, mais acessível. Efetuar entregas com qualidade e que proporcionassem a satisfação do cliente era insuficiente. Tornava-se indispensável gerar produtos e prestar serviços com custos cada vez menores e com uma velocidade cada vez maior. A estrutura baseada em tempo valoriza a maximização do retorno dos investimentos fixos, com agilidade técnica e flexibilidade. Para tanto, ela se caracteriza pela limitação dos níveis hierárquicos e intensificação do uso de grupos de trabalho interfuncionais. Essa estrutura combina a lógica funcional e a de processos.

Os indivíduos são incentivados a desenvolver competências multifuncionais. O intuito é tornar a organização mais flexível e ágil para garantir vantagens competitivas. Assim, o desenho do trabalho adquire novos contornos. As estruturas tendem à horizontalidade, o trabalho passa a ser delineado e realizado por equipes de projetos, as interfaces entre as tarefas se tornam cada vez mais nebulosas. A instabilidade passa a ser percebida como um fator de evolução ou, ainda, como geradora de oportunidades a serem aproveitadas e maximizadas.

Cultura baseada em redes

Como assinala a equipe Hay (Flannery et al., 1997:54), a partir dos anos 1990, a mudança deixa de ser um fenômeno eventual para se tornar um estado, "uma força constante". Essa constância da mudança condicionou o surgimento da "empresa virtual", um quarto paradigma de trabalho: a cultura baseada em redes. Ela consiste em alianças que propiciam proficiências e competências necessárias ao alcance de resultados desejados. A hierarquia tradicional, gradativamente, vem sendo substituída por produtores que coordenam e dirigem os esforços da rede pelo ciclo de vida dos negócios. Os relacionamentos tendem a ser cada vez mais informais e a flexibilidade e a rapidez passam a ser as forças motrizes das empresas baseadas em redes. Seu organograma se assemelha a um organograma circular, tendo, ao centro, uma unidade que interliga as demais.

Considerando que uma cultura baseada em redes compreende o período de duração de um projeto, os papéis são desenhados conforme a situação, com a duração necessária para manter aspectos específicos do empreendimento. Relacionamentos, e não estruturas, governam o trabalho. A ênfase não se situa em cargos, mas na eficácia das pessoas. Culturas baseadas em redes são projetadas em torno da criação de novos produtos, mercados ou negócios.

Alinhamento dos sistemas de remuneração aos modelos gerenciais

A observação das características de cada um dos modelos é fundamental ao se delinear arquiteturas de remuneração. Vale enfatizar, em primeiro lugar, que a realidade é mais rica e complexa que os modelos. Portanto, devemos utilizá-los como instrumentos para tomada de decisão, ou seja, uma referência que possibilita verificar, por meio de uma construção teórica, a realidade para melhor entendê-la e atuar. Em segundo lugar, as empresas, como organismos vivos, não são culturalmente puras. O que se pode observar é o predomínio de um modo de ser organizacional. Finalmente, existem perspectivas diferentes de se visualizar a realidade e, portanto, de se delinear modelos para entendê-la. Esse é o caso das classificações realizadas por Handy e pela equipe Hay.

Cremos que a apresentação das duas classificações ajuda a estabelecer, por exemplo, uma analogia entre a cultura orientada para o papel (Handy) e o modelo organizacional voltado para funções (Hay Group), bem como entre a cultura orientada para a tarefa e o modelo voltado para processo. Assim, a realidade múltipla pode ser produtivamente apreendida pela associação entre os dois modelos, quando da modelagem da arquitetura dos sistemas de remuneração. Essa questão será melhor explorada no capítulo 5.

Como você pode perceber, leitor, o tema, além de instigante, é de extrema importância para quem se interessa pelo estudo e desenvolvimento de sistemas de reconhecimento e recompensas. Muitas vezes, pressionados pela necessidade de acompanhar o ritmo de mudanças à nossa volta, não damos a devida importância a questões mais intangíveis, como a cultura organizacional. Em consequência, o conjunto de práticas, valores, estilos e crenças de um grupo de trabalho não é devidamente contemplado quando do desenho das arquiteturas de sistemas de remuneração. Tal negligência pode gerar um ambiente de insatisfação e um clima organizacional desfavorável à excelência de resultados, objetivo de toda ferramenta gerencial.

A compreensão da cultura organizacional possibilita arquitetar sistemas de recompensas mais adequados. Isso, porém, não é suficiente. Faz-se indispensável a observação de outro aspecto crítico: o alinhamento com as estratégias de negócio, tema a ser abordado na próxima seção.

Alinhando estratégias empresariais e recompensas financeiras

Prosseguindo na segunda reflexão, lembramos que seu foco reside na análise da relação entre as estratégias empresariais e a arquitetura de recompensas financeiras.

A estratégia empresarial visa fornecer à organização subsídios para o enfrentamento eficaz das mudanças do ambiente.

Logo, ela é uma ferramenta gerencial que indica um caminho futuro.

No passado, esse futuro era previsto com base em instrumentos de cunho racional-normativo de análise antecipatória, dado o contexto ambiental pouco mutante, o que permitia uma relativa autonomia da organização em relação ao seu ambiente externo.

A partir dos anos 1950, os desafios se tornam cada vez mais inesperados. As organizações se veem envolvidas em um ambiente cada vez mais turbulento. Mudanças econômicas, políticas e sociais se desenvolvem num ritmo acelerado, exigindo um esforço das organizações para atender com prontidão às necessidades dos clientes, às exigências dos sindicatos e, ao mesmo tempo, aos anseios dos acionistas. Novas variáveis ameaçam a estrutura, os objetivos e o funcionamento das organizações. Prever e controlar mudanças se torna cada vez mais difícil.

Para se manter competitiva, a organização necessita desenvolver, concomitantemente, estratégias capazes de garantir o atendimento da demanda, ou seja, ter uma boa participação no mercado, mas também de converter insumos em produtos com o máximo de rendimento. A organização necessita obter e manter vantagens em relação à concorrência, as quais podem ser construídas por meio de caminhos distintos, os quais dependem do contexto socioeconômico, do padrão de concorrência, do porte da empresa, dos processos internos, entre outros fatores. Considerar a questão estratégica, portanto, é crucial ao se conceber uma arquitetura do sistema de remuneração efetiva.

O texto "O mundo que mudou a máquina" – síntese dos trabalhos do Gerpisa entre 1993 e 1999 – de Boyer e Freyssenet (2000) auxilia a visualização dessa relação. Embora os autores tenham realizado suas pesquisas na indústria automobilística, suas conclusões extrapolam esse segmento. Boyer e Freyssenet relacionam as estratégias de lucros a modelos produtivos, analisando, em cada um dos modelos, como se desenvolve a relação salarial. Nesse sentido, selecionamos duas estratégias – *volume* e *inovação e flexibilidade* – para ilustrar nosso argumento relativo à importância do estreito relacionamento entre a estratégia corporativa e sua arquitetura dos sistemas de remuneração.

> A estratégia de volume exige de fato, para ser praticada, além de conceber um produto que responda às necessidades básicas de transporte individual da população, uma organização produtiva e estabilizada que permita uma produção estandardizada em fluxo contínuo e com crescimento regular e uma relação salarial suficientemente controladora para lhes fazer aceitar a repetição de tarefas semelhantes [Boyer e Freyssenet, 2000:14].

O modelo taylorista-fordista respondia de forma efetiva a esses requisitos; daí seu sucesso na época.

Boyer e Freyssenet (2000:17) ilustram a relação estratégia *versus* remuneração, nesse caso fazendo referência à estratégia adotada pela Honda:

> A estratégia de "inovação e flexibilidade" necessita, para ser levada a bom termo, que a firma possa assumir riscos financeiros necessários e seja capaz de oferecer regularmente modelos inovadores comercialmente pertinentes. O modelo "hondista" é marcado por uma relação salarial que favorece a emergência, no seio da empresa, de inovadores em todos os escalões, graças a uma política de recrutamento, de salário e de promoção privilegiando e valorizando a especialização e a iniciativa individuais mais que o diploma, idade ou antiguidade, e do mesmo modo a responsabilidade e as boas condições de trabalho, especialmente oferecendo duração do trabalho, anual, semanal e diário a mais baixa do setor.

Acreditamos que tais exemplos, apesar de relativos à indústria automobilística, favoreçam a compreensão da importância do alinhamento dos sistemas de remuneração à estratégia empresarial, condição imprescindível à modelagem da remuneração total dos empregados. Essa questão será abordada na próxima seção.

As parcelas que compõem o total das recompensas financeiras

Desde os primórdios do pensamento administrativo, faz-se presente a preocupação com a remuneração. Fayol e Taylor, "os pais da administração", não perderam de vista essa questão.

Fayol inseriu a remuneração entre os 14 princípios de administração a serem observados quanto à divisão do trabalho, à hierarquia, à centralização, entre outros. O autor diz textualmente:

> A remuneração do pessoal é o prêmio pelo serviço prestado. Deve ser equitativa e, tanto quanto possível, satisfazer ao mesmo tempo ao pessoal e à empresa, ao empregador e ao empregado [Fayol, 1990:50].

Taylor (1990) também defendia a conciliação de interesses entre patrões e empregados por intermédio do incremento da produtividade, que garantiria o aumento de lucros e salários. O autor acreditava poder tornar as fábricas mais eficientes por meio da organização racional do trabalho, visando à decomposição das tarefas em operações simples e à especialização do operário.

Tarefa é, sem dúvida, o elemento central do pensamento taylorista. Em síntese, a tarefa executada segundo o *one best way* é a base do sistema de remuneração funcional.

Esse sistema, a ser detalhado no capítulo 2, objetiva a compensação do empregado por seus serviços prestados, por uma perspectiva mecanicista, que concebe o trabalho como um fator de produção, passível de quantificação, assim como as tarefas e o esforço necessário para sua execução. O elemento humano é irrelevante, não sendo, portanto, considerados aspectos relativos a comportamentos individuais e de equipe. Pelo contrário, quanto mais impessoal o tratamento dado à questão da análise do trabalho e das tarefas que o compõem, tanto melhor é o sistema de remuneração.

Se você observar, leitor, constatará que o sistema funcional de remuneração é, ainda, utilizado com frequência nas organizações. Menos pelo desejo de suas lideranças e mais por questões relacionadas ao modelo produtivo vigente e seu contexto. Entretanto, pesquisas demonstram uma tendência crescente quanto à utilização de outras formas de recompensas financeiras.

A título de ilustração, apresentamos os resultados de uma pesquisa realizada pela PricewaterhouseCoopers em 2004, na qual se observam diversas formas de remuneração adotadas nas empresas pesquisadas.

A análise dos dados reitera o que afirmamos anteriormente no tocante à utilização de novas formas de remuneração.

Particularmente, a última década sinalizou uma tendência de crescimento na adoção da remuneração variável combinada com a remuneração fixa e os benefícios. Essa arquitetura tornou-se praticamente um mantra gerencial, devido à frequente indicação dos especialistas como solução ideal para o enfrentamento dos atuais desafios organizacionais.

A Companhia de Bebidas das Américas (Ambev), considerada um ícone na utilização da remuneração variável, ilustra a adequação desse tipo de recompensa financeira à dinâmica dos mercados contemporâneos. Ela possibilita a transformação de custos fixos em variáveis.

Tabela 1
FREQUÊNCIA DE USO DAS FORMAS DE REMUNERAÇÃO (%)

	Presidente	Vice-presidente	Diretor executivo	Diretor	Gerente 1ª linha	Gerente 2ª linha	Coord., supervisor	Staff
Remuneração baseada no cargo	78	75	77	84	82	81	81	81
Remuneração por habilidades/competências	4	4	3	5	4	5	6	7
Remuneração mista (cargo + hab./comp.)	3	0	3	3	4	5	5	2
Participação nos lucros ou resultados	68	71	69	68	70	69	74	84
Remuneração variável	48	50	63	52	49	47	30	12
Incentivos de longo prazo	23	21	31	19	15	6	1	1
Remuneração variável para força de vendas	7	13	11	17	26	29	32	35

Fonte: PricewaterhouseCoopers (2004).

Empresas de outros setores, tais como varejo, serviços, indústria e financeiro, entre outros, também adotam essa forma de composição de sua remuneração total.

Ilustrando, a pesquisa realizada em 2011 por Souza, um dos autores deste livro, em 50 unidades produtivas do setor sucroalcooleiro corrobora essa tendência. O estudo revelou que a lógica da remuneração variável se dissemina junto a todos os setores das unidades produtivas pesquisadas, inclusive no corte de cana-de-açúcar. Os cortadores são remunerados com base em indicadores de desempenho. Portanto, a remuneração é variável (Programa de Participação dos Trabalhadores nos Resultados ou PPR), às vezes, representando quatro vezes o valor da remuneração fixa. Entre outras consequências dessa política de remuneração, foi possível observar seu impacto na ambiência organizacional, bem como na elevação do comprometimento dos trabalhadores com as metas designadas.

O outro componente da remuneração são os salários indiretos, denominados benefícios, oferecidos pela empresa a seus empregados.

Portanto, no atual contexto de negócios, ao se pensar em remuneração é interessante ter em mente que a remuneração total pode ser composta por uma parcela fixa: a remuneração fixa (salário-base e benefícios) e outra variável, relacionada a ganhos por desempenho, que alguns chamam de incentivos salariais.

A remuneração por habilidade/competência é um tipo de remuneração fixa e, assim como a remuneração funcional, compõe o salário-base do empregado.

Resumindo, este capítulo contextualizou a remuneração no atual mundo de negócios. Para tanto, foram destacados os principais desafios enfrentados vinculados ao delineamento de sistemas de recompensas e a importância do alinhamento destes à cultura e às estratégias organizacionais.

O próximo capítulo abordará a remuneração fixa.

Como você, leitor, observará, ele se propõe analisar a remuneração baseada no cargo, também denominada funcional ou tradicional. Nesse sentido, serão debatidos especificamente:

- mapeamento de cargos;
- descrição de cargos;
- avaliação de cargos;
- pesquisa salarial.

Além disso, serão efetuadas considerações sobre a implantação e manutenção do plano de cargos e salários (PCS) e normas para sua administração.

A remuneração por competências também será trabalhada no próximo capítulo, por fazer parte da remuneração fixa.

2

Remuneração fixa

Este capítulo analisa a remuneração baseada no cargo, também denominada funcional ou tradicional, assim como a remuneração baseada em competência. Ambas constituem a parcela fixa da remuneração total. A segunda representa uma alternativa à remuneração tradicional, mais aderente à evolução da lógica do pensamento administrativo, que concebe o elemento humano como um fator de geração de valor para a organização. Nesse sentido, optamos por construir este capítulo por meio de um viés mais prático/operacional, apresentando metodologias que podem ser utilizadas e implementadas por diversas organizações.

Sistema de remuneração tradicional

Segundo Souza e colaboradores (2006), o processo de construção do sistema de remuneração tradicional, o denominado plano de cargos e salários (PCS), baseia-se em uma metodologia que busca o conhecimento preciso do conjunto de atividades necessárias à produção de serviços/produtos e na divisão das tarefas totais em tarefas sucessivamente menores, até se chegar à atividade a ser executada.

O PCS tem o propósito de conhecer o rol de tarefas do conjunto de cargos da organização no que diz respeito às suas atividades e responsabilidades, conhecimentos, experiência e escolaridade requeridos e definidos para cada cargo. Além disso, objetiva estabelecer, através de uma análise comparativa, uma ordenação hierárquica que servirá de base para a atribuição de um valor salarial ao cargo, sem perder de vista o equilíbrio interno desses salários (relação vertical), a realidade com o mercado de trabalho e a competitividade da organização no mercado em que atua.

Esse modelo é baseado na crença da existência de uma única forma correta de realização de uma tarefa. Na atualidade, apesar de questionado, ainda é encontrado em cerca de 80% das empresas, segundo pesquisa realizada em 2004 pela PricewaterhouseCoopers, como prática para recompensar financeiramente pessoas pelo seu trabalho.

A remuneração baseada no cargo é a base estrutural para a construção de uma plataforma da arquitetura do sistema de remuneração total da organização. O PCS, como instrumento de gestão, deve ser construído, portanto, com todo o rigor técnico, por se constituir em um alicerce da remuneração total.

Desde os primórdios da administração, a preocupação em assegurar o máximo de prosperidade tanto para o empregador quanto para o empregado já se fazia presente. Prova disso é o "princípio remuneração do pessoal", um dos 14 enunciados por Fayol (1990). A administração contemporânea trabalha de acordo com o princípio de que os interesses das organizações e dos empregados devem ser convergentes. O empregador objetiva a continuidade de seu negócio. O empregado, por sua vez, visa à continuidade de seu emprego, o recebimento de remuneração justa, a melhoria da qualidade de vida, a ascensão organizacional, a participação nos resultados da organização ou, melhor dizendo, a garantia de uma vida melhor para ele e sua família.

A determinação do salário de um profissional não se resume em determinar ou autorizar sua definição ou o aumento salarial. Essa decisão envolve o uso adequado de técnicas e conceitos da administração de cargos e salários. Esta, por sua vez, deve levar em consideração as leis trabalhistas, as convenções e acordos sindicais, a disponibilidade e qualidade da mão de obra, a cultura da região e, sem dúvida nenhuma, o grau de maturidade da organização, que vai de sua concepção, passando pelo *startup*, chegando assim à maturidade e perpetuação do negócio. Essas etapas requerem uma atenção especial no que diz respeito à administração da remuneração da organização e, em especial, da remuneração fixa, uma vez que é sobre ela que incidem os encargos previdenciários e trabalhistas.

Apresentamos, a seguir, algumas das vantagens da implementação de um PCS pelas organizações:

❑ definir com clareza as expectativas em relação a seus profissionais;
❑ dotar a organização de uma ferramenta gerencial que oriente e suporte as decisões e a administração contínua da remuneração fixa;
❑ uniformizar os parâmetros para definição salarial;
❑ otimizar e direcionar os investimentos no desenvolvimento profissional;
❑ aumentar a capacidade de atração e retenção de profissionais;
❑ remunerar de forma compatível com a complexidade das atribuições e responsabilidades;
❑ definir e descrever os postos de trabalho;
❑ definir a estrutura de cargos;
❑ criar horizontes de progresso;
❑ proporcionar equilíbrio interno e competitividade externa.

A figura 1 apresenta, de forma esquemática, as etapas que compõem um PCS, objeto dos subitens apresentados a seguir.

Figura 1
ETAPAS DO PCS

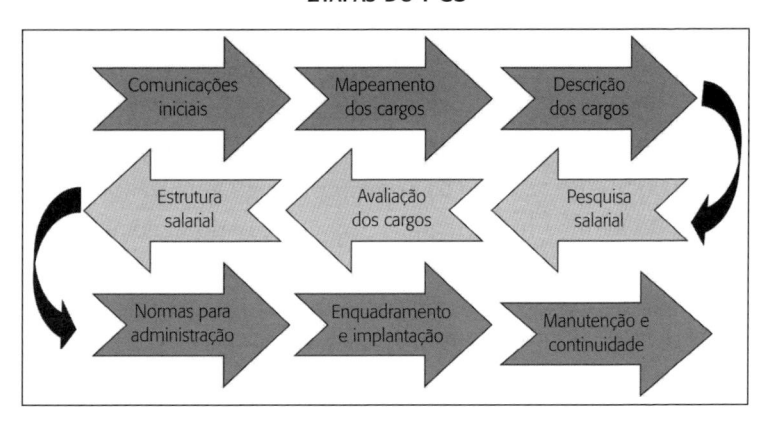

- Comunicações iniciais
- Mapeamento dos cargos
- Descrição dos cargos
- Estrutura salarial
- Avaliação dos cargos
- Pesquisa salarial
- Normas para administração
- Enquadramento e implantação
- Manutenção e continuidade

Mapeamento dos cargos

O histórico recente das organizações tem sido o de renovação e adaptação a uma realidade de negócios em constante mutação, com mudanças tecnológicas e de processos ocorrendo a todo instante.

Partindo desse pressuposto e entendendo que os cargos derivam dos macroprocessos no qual estão inseridos, mudando os processos e/ou a tecnologia empregada, muda-se também a maneira de executar determinadas tarefas.

Algumas dessas mudanças têm impacto tão significativo na maneira de fazer determinadas funções que sua implicação para o cargo não se restringe somente à alteração parcial de sua descrição. Essas alterações podem implicar, inclusive, mudança da importância relativa que o cargo tem para a organização, podendo trazer a necessidade de alteração de sua nomenclatura e classificação, chegando, nos casos mais extremos, até a necessidade de exclusão de cargos antigos e a criação de novos.

Desse modo, o mapeamento de cargos torna-se necessário para a definição do elenco/rol de cargos necessários para a sustentação dos processos de cada unidade funcional da organização.

O mapeamento dos cargos pode ser realizado por meio de uma entrevista individual e pessoal com o gestor de cada unidade funcional da organização, devendo ser entrevistados gestores que conheçam não só o funcionamento da unidade em análise mas, preferencialmente, a organização como um todo, com o objetivo de produzir uma relação de cargos coerente com os atuais processos e tecnologia empregados, além de alinhada aos objetivos estratégicos da organização.

Inicia-se com o levantamento, na área de pessoal, dos cargos atualmente em vigor na organização e a distribuição desses cargos de acordo com a área à qual estão atualmente afetos. Esses passos, com certeza, apoiarão de forma significativa a realização da etapa de entrevista com o gestor e a consequente definição dos cargos necessários à excelência na operacionalização de sua área. O propósito dessa etapa é a obtenção de informações diretamente da fonte, ou seja, teoricamente, a informação é obtida com quem mais conhece a área. Assim, a primeira pergunta a ser feita é: qual é o conjunto de cargos necessários à execução das diversas atividades existentes em sua unidade funcional?

A vantagem da técnica de mapeamento de cargos é a de não reproduzir, no plano em construção ou em revisão, as inconformidades existentes na organização, ou seja, identificar eventuais descrições de cargos com nomenclaturas diferentes e funções idênticas, ou o contrário, aumentando desnecessariamente o tempo empregado na fase seguinte, que é a de descrição dos cargos.

O produto obtido com a técnica de mapeamento de cargos é um rol de cargos por unidade funcional da organização, coerente com os processos e a tecnologia empregados no momento da construção ou revisão do PCS.

Essa relação facilitará significativamente tanto o delineamento das carreiras, quanto a elaboração da fase de descrição dos cargos, uma vez que não indicará cargos a serem descritos sem necessidade, ou cargos em duplicidade, trazendo maior produtividade ao processo e mais clareza no sentido de adotar uma estrutura de cargos limpa e transparente, uma vez que não serão considerados para análise cargos não mais necessários à organização; por outro lado, cargos extremamente necessários à operacionalização das diversas áreas da organização não deixarão de ser considerados.

O quadro 2 apresenta um exemplo do produto do mapeamento de cargos.

Descrição de cargos

A descrição dos cargos é uma das etapas de maior importância dentro do processo de elaboração do PCS da organização, uma vez que as descrições fornecem o alicerce firme para a consequente avaliação do cargo, que resultará na fixação de salários internamente coerentes. É a determinação precisa das tarefas e responsabilidade que um cargo compreende, bem como a experiência, escolaridade e outros requisitos específicos do cargo. O principal objetivo da descrição de cargo está voltado para o porquê de sua existência.

A descrição dos cargos, segundo Pontes (2000), é o relato das tarefas descritas de forma organizada, permitindo ao leitor a compreensão das atividades desenvolvidas pelo seu ocupante.

Quadro 2

EXEMPLO DE MAPEAMENTO DE CARGOS

Recursos humanos				Contabilidade	Financeiro
Desenvolvimento humano	Comunicação	Administração de pessoal	Saúde, qualidade e segurança		
Gerente de recursos humanos				Controller	
		Coordenador de administração de pessoal	Coordenador de gestão da qualidade e segurança	Coordenador contábil	Coordenador financeiro
Coordenador de desenvolvimento humano	Analista de comunicação	Analista de administração de pessoal	Engenheiro de segurança do trabalho	Analista de custo	Analista de crédito e cobrança
			Médico do trabalho	Analista fiscal	Analista financeiro
Analista de desenvolvimento humano				Analista contábil	
Assistente social					
Assistente de desenvolvimento humano	Assistente de comunicação	Assistente de administração de pessoal	Técnico de segurança do trabalho	Assistente de patrimônio	Assistente de crédito e cobrança
					Assistente financeiro
Auxiliar administrativo II			Técnico de enfermagem	Auxiliar contábil	Auxiliar financeiro
Auxiliar administrativo I		Porteiro	Atendente de dentista		
Recepcionista		Vigilante		Auxiliar de patrimônio	

Deve-se definir qual o melhor formato de descrição que se aplica ao momento e à realidade de cada organização, uma vez que o modelo da descrição estará diretamente ligado ao *modus operandi* da organização. Existem basicamente duas formas para se descrever um cargo.

A primeira é a do cargo amplo. Como o próprio nome indica, pressupõe a possibilidade de realização de uma diversidade de atividades por profissionais que ocupam um cargo de igual denominação, sem, entretanto, alterar o grau de complexidade da função.

A segunda forma de descrição é a do cargo restrito. Por cargo restrito entendemos o cargo desenhado segundo a modelagem clássica, ou seja, o trabalho é rigidamente programado, específico, fragmentado.

Existem diversos métodos para obter informações para a elaboração da descrição dos cargos. São eles:

❏ observação do empregado em seu local de trabalho;
❏ entrevista com o ocupante do cargo a ser descrito;
❏ entrevista com o superior imediato do ocupante do cargo a ser descrito;
❏ questionário;
❏ métodos combinados.

O método mais utilizado é o da entrevista com o ocupante do cargo e a validação com seu superior imediato, garantindo assim que todas as informações coletadas sejam fidedignas, colocadas em ordem de importância. Envolve o profissional ocupante do cargo na realização do projeto, atitude essa que, com certeza, será bem reconhecida por todos da organização, já que são buscados coautores para o projeto, e ninguém melhor do que o ocupante do cargo e seu superior para conhecerem com maior profundidade as atividades, as responsabilidades e os requisitos exigidos para determinado cargo.

Uma boa descrição de cargos é a base para sua correta avaliação. Portanto, deve:

- descrever o cargo e não o ocupante;
- refletir o que o cargo é no presente; não o que poderia ser;
- descobrir o cargo inteiro, isto é, em toda a sua dimensão de atuação;
- dividir as tarefas em ordem cronológica ou em sequência de importância;
- estar redigida de maneira clara e concisa, permitindo que mesmo uma pessoa que não conheça o cargo possa entender a descrição;
- ser elaborada de forma a mencionar as principais tarefas que compõem as atividades e responsabilidades do cargo, indicando o é que feito, como e por que é feito;
- conter expressões e palavras condizentes com o cargo, evitando a supervalorização das atividades realizadas.

Em síntese, deve-se descrever o cargo em toda a sua dimensão, e a preocupação deve estar dirigida às atividades a serem desenvolvidas e não ao ocupante do cargo. Uma boa descrição do cargo responde a três questões-chave: o que, como e para que é feita determinada atividade.

Quadro 3
QUESTÕES-CHAVE PARA DESCRIÇÃO DE CARGOS

Formas descritivas a serem utilizadas	
O que faz	É um relato completo das atribuições e tarefas de cada cargo.
Como faz	É a descrição da forma de execução das diversas atividades inerentes ao cargo.
Para que faz	É a indicação do objeto final do trabalho executado.

Dependendo da área, para melhor entendimento da descrição, podem ser incluídas as informações constantes do quadro 4.

Quadro 4
QUESTÕES COMPLEMENTARES PARA DESCRIÇÃO DE CARGOS OPERACIONAIS

| Quando faz | É a indicação de quando é necessário realizar a tarefa. |
| Onde faz | Local onde é realizada a tarefa. |

Apresentamos, no apêndice A, um modelo de descrição de cargos.

Pesquisa salarial

Considerando que um dos principais objetivos da administração de cargos e salários é proporcionar às organizações o perfeito equilíbrio salarial interno, sem perder de vista sua competitividade no mercado em que está inserida. A pesquisa salarial é uma etapa de vital importância. Deverá ser desenvolvida junto a organizações de mesmo segmento de atuação. Em algumas ocasiões, são pesquisados, também, outros segmentos de mercado, ou até mesmo o mercado como um todo. A pesquisa objetiva fornecer informações sobre o mercado que possibilite o conhecimento do nível de competitividade e atratividade do pacote de remuneração da organização patrocinadora, envolvendo tanto a remuneração fixa quanto a remuneração variável, bem como os benefícios ofertados, ou seja, a remuneração total, ou *total compensation*.

Dito de outro modo, a pesquisa é o levantamento e a análise do comportamento das práticas de remuneração (salário-base, benefícios e demais remunerações) em determinado segmento de mercado ou região, considerando uma amostra de cargos que represente todas as áreas e todas as posições hierárquicas da organização.

Vale a pena ressaltar que a excelência na qualidade, confiabilidade e posterior aplicabilidade dos resultados da pesquisa está diretamente ligada à etapa de coleta dos dados. De nada adiantará obter informações de inúmeras organizações e cargos do mercado se a pesquisa não gerar confiabilidade na etapa de coleta dos dados.

Denomina-se organização patrocinadora aquela que está realizando a pesquisa. É a ela que cabe a realização ou o acompanhamento (se contratação de consultorias, método atualmente mais usual) de todas as etapas da pesquisa, gerando assim um relatório com os resultados finais obtidos, o qual vai nortear a definição das políticas de remuneração das organizações participantes, garantindo sua adesão às próximas edições da pesquisa.

É bastante comum, como assinalado, as organizações contratarem consultorias especializadas para a realização da atividade pesquisa salarial.

Para o desenvolvimento da pesquisa salarial, seja ela realizada pela patrocinadora ou por consultorias especializadas na prestação desse serviço, sugerimos que sejam obedecidos os seguintes passos mostrados na figura 2.

Figura 2
PASSOS DA PESQUISA SALARIAL

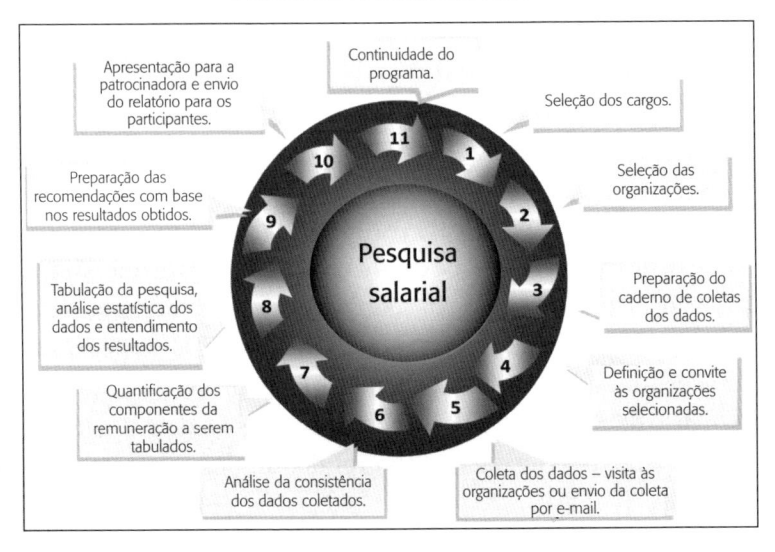

- 1. Seleção dos cargos.
- 2. Seleção das organizações.
- 3. Preparação do caderno de coletas dos dados.
- 4. Definição e convite às organizações selecionadas.
- 5. Coleta dos dados – visita às organizações ou envio da coleta por e-mail.
- 6. Análise da consistência dos dados coletados.
- 7. Quantificação dos componentes da remuneração a serem tabulados.
- 8. Tabulação da pesquisa, análise estatística dos dados e entendimento dos resultados.
- 9. Preparação das recomendações com base nos resultados obtidos.
- 10. Apresentação para a patrocinadora e envio do relatório para os participantes.
- 11. Continuidade do programa.

Seleção dos cargos

Normalmente são pesquisados cargos representativos de todas as áreas, classes salariais e posições hierárquicas da organização. Portanto, não devem restar dúvidas sobre seu conteúdo.

Um número excessivo de cargos pode levar à não aceitação por parte das organizações convidadas a participar da pesquisa, uma vez que terão de dispor de um tempo elevado para fornecer as informações pertinentes aos cargos pesquisados.

Não podemos deixar de levar em consideração a importância de incluir os cargos típicos do ramo ou segmento do mercado no qual a patrocinadora atua, pois eles serão de extrema importância tanto na definição da política salarial da organização quanto por ocasião da definição de sua estrutura salarial. Cargos situados em áreas com atividades comuns à maioria das organizações, tais como as de recursos humanos, pessoal, finanças, contabilidade, custos, sistemas, marketing, secretaria, serviços gerais, entre outras, são sempre muito utilizados nas pesquisas, pois facilitam sua identificação e a consequente obtenção da massa salarial praticada pelo mercado pesquisado.

No caso de organizações com um efetivo menor de cargos em sua estrutura organizacional, a pesquisa deverá contemplar até 70% dos cargos da estrutura da organização patrocinadora.

Seleção das organizações

Deve ser escolhido para participar da pesquisa salarial um número de organizações que consiga, de certa forma, garantir uma massa de dados suficiente para o tratamento estatístico, preferencialmente do mesmo ramo e de porte semelhante. Devem ser organizações que atuam e mantenham sede e/ou unidades produtivas na região de abrangência da organização patrocinadora (figura 3). Inicialmente devemos tentar um rol dentro desses parâmetros;

caso não seja possível, podem ser escolhidas organizações que não atuam no mesmo segmento da patrocinadora, mas que devem ter o mesmo porte e/ou segmentos similares, sempre lembrando que diversas das áreas a serem pesquisadas são comuns a todas as organizações. Se, de todo, não conseguirmos organizações do mesmo porte, devemos buscar organizações atrativas do mercado, e, por ocasião da coleta dos dados, atentar à perfeita identificação do cargo e da posição hierárquica. Em alguns casos o gerente da organização patrocinadora pode equivaler ao diretor de determinada organização participante, ou ao coordenador, em função, principalmente, da diferença de porte entre as organizações.

Deve-se observar também se as organizações convidadas possuem uma estrutura formal de cargos e salários, sua forma de contratação e pagamento dentro da lei, aspectos que certamente influenciarão de forma significativa a aceitação do rol de organizações, tanto pelo público interno quanto pelo público externo. Uma vez definido o rol de organizações a serem pesquisadas, sugerimos que esse rol seja validado junto à diretoria e aos gerentes da organização patrocinadora, tornando assim todos corresponsáveis pelas indicações e conseguindo o apoio da alta administração e das lideranças, aspecto de suma importância para sucesso do projeto em questão.

Figura 3
CRITÉRIOS PARA A SELEÇÃO DAS ORGANIZAÇÕES

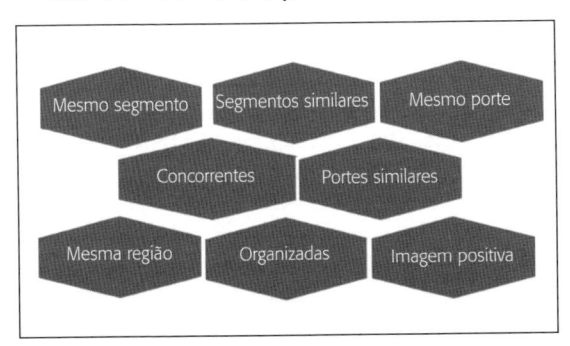

- Mesmo segmento
- Segmentos similares
- Mesmo porte
- Concorrentes
- Portes similares
- Mesma região
- Organizadas
- Imagem positiva

Preparação do caderno de coleta dos dados

O desenvolvimento do caderno para coleta dos dados resumidamente descritos no quadro 5 deve abranger tanto os dados salariais quanto os benefícios oferecidos, remuneração variável (bônus, gratificações, participação nos resultados, *stock options*) e políticas de concessão de vantagens, pecuniárias ou não, contendo basicamente:

- instruções para o preenchimento da pesquisa;
- relação das organizações participantes;
- relação dos cargos pesquisados;
- organograma básico da patrocinadora;
- descrições sumárias dos cargos pesquisados (resumo das atividades, responsabilidades, bem como da escolaridade, experiência e conhecimentos técnicos requeridos);
- planilha para resposta das informações salariais e da quantidade de profissionais por informação salarial (frequência);
- planilha para resposta de informações importantes sobre a política salarial da organização pesquisada, sobre os benefícios, a política de remuneração variável, entre outras informações importantes para a organização patrocinadora.

Quadro 5
ITENS DO CADERNO DE COLETA DE DADOS

Ramo de atuação	Concessão de veículos
Número de empregados	Reembolso de quilometragem
Data-base	Despesas com educação
Política de correção salarial	Assistência médica
Gratificação de função	Assistência odontológica
Adicional de férias (exceto o legal)	Seguro de vida
Adicional de insalubridade	Convênio com farmácias/medicamentos
Adicional de periculosidade	Alimentação
Participação nos lucros e resultados	Auxílio-creche
Remuneração variável	Previdência privada
Telefone celular	Adicional por tempo de casa
Adicional de transferência	Diárias de viagem
Aluguel/moradia	Forma de contratação

Convite às organizações

Trata-se de uma das principais etapas para convencer as organizações convidadas a aceitarem o convite: é a primeira impressão. Faça um contato mais leve, escolha momentos do dia em que provavelmente a rotina ainda não tomou conta da agenda do contato, sem cobranças, envie um e-mail solicitando e enaltecendo a presença da organização na pesquisa. Envie todas as informações necessárias para que a organização decida pela participação na pesquisa, e elabore uma carta-convite com a logomarca da organização solicitante. Devem assinar essa carta--convite o principal responsável pela área de recursos humanos e o responsável pela pesquisa salarial. Procure agendar a data para coleta dos dados sempre longe de eventos como fechamento da folha, e reserve em torno de quatro horas para identificação dos cargos e coleta dos dados salariais e benefícios por organização pesquisada. Tente realizar a coleta dos dados em um período próximo, evitando grandes interrupções entre uma coleta e outra. Assim a base ficará mais consistente.

Coleta dos dados

Trata-se da etapa de obtenção dos dados pesquisados nas organizações participantes. Uma das práticas para coleta dos dados é visitar pessoalmente as organizações, com a finalidade de assegurar a perfeita identificação dos cargos, o levantamento dos benefícios e das respectivas práticas de remuneração, bem como garantir a participação das organizações na pesquisa salarial, o que não invalida a utilização do contato via telefone e computador, enviando o questionário para a coleta dos dados por e-mail. Temos de garantir uma adequada identificação do cargo, fator primordial para uma coleta de dados confiável.

Apresentamos, no apêndice B, um exemplo de formulário para coleta de dados.

Análise da consistência dos dados coletados

Antes de iniciar a tabulação dos dados, devemos analisar todas as informações coletadas, se houve a perfeita identificação e comparação dos cargos, bem como a massa de dados coletados, sua coerência e consistência, verificando a possível falta de informações complementares. Uma vez identificada a consistência da massa de dados, devem ser preparadas as demais informações para quantificação dos benefícios a serem considerados. A apresentação dos dados salariais deve seguir o formato apresentado no quadro 6.

Quadro 6
FORMAS DE APRESENTAÇÃO DOS DADOS SALARIAIS

Salário-base	Corresponde ao salário nominal informado pelas empresas.
Salário total	Corresponde ao salário-base, acrescido de todos os valores pagos em dinheiro durante o ano, independentemente de periodicidade ou do fato gerador (exemplos: 14º salário, gratificação de férias acima do legal, gratificação de função, horas extras fixas, participação nos lucros ou resultados e bônus).
Remuneração total	Corresponde ao salário total acrescido dos pacotes de benefícios, quantificado e convertido em valores mensais (exemplos: transporte, alimentação, assistência médica, seguro de vida, plano de previdência privada).

Tabulação e análise das estatísticas dos dados

A tabulação é o tratamento estatístico das informações salariais (massa de dados) coletadas através da pesquisa salarial. Normalmente, essa etapa é realizada por sistemas informatizados específicos para essa atividade. São utilizados os desvios padrões que correspondem ao corte dos valores extremados da amostra dos dados a serem tabulados. A partir desse momento, realiza-se a tabulação dos dados, que quase sempre é apresentada considerando as informações a seguir, descritas no quadro 7, apresentando os percentuais obtidos entre a comparação da organização patrocinadora e o mercado pesquisado.

Quadro 7
ENTENDENDO OS TERMOS UTILIZADOS NA PESQUISA SALARIAL

Frequência	Número de informações salariais para cada cargo.
Menor salário	Menor salário detectado para o cargo.
1º quartil	Salário abaixo do qual existem 25% do rol de salários para o cargo.
Mediana	Salário central do rol de salários do cargo ou salário abaixo do qual há 50% do rol de salários para o cargo.
MAP	Média aritmética ponderada do rol de salários para o cargo.
3º quartil	Salário abaixo do qual existem 75% do rol de salários para o cargo.
Maior salário	Maior salário detectado para o cargo.
Desvio padrão	Valor que indica o quanto, em média, cada salário do rol se afasta da média do próprio rol.

Análise dos resultados e recomendações

As informações mais utilizadas pelo mercado são os resultados da mediana, média aritmética ponderada (MAP), 1º quartil e 3º quartil, conforme apresentado na figura 4. Vale a pena ressaltar que o resultado da pesquisa salarial deve ser utilizado como parâmetro referencial e não como fator determinante para o estabelecimento da estrutura salarial da organização. A alta administração, assessorada pela área de recursos humanos e pelo profissional responsável pela gestão da remuneração na organização, deverá analisar exaustivamente a pesquisa, as informações apresentadas (salário-base, salário total e remuneração total). A partir dessa análise, elaborar cálculos, desenhar estratégias, verificar os cargos estratégicos, especiais e da linha do negócio, cargos de difícil contratação no mercado, para propor qual o resultado da pesquisa que deverá ser utilizado pela organização. É fundamental nunca perder de vista que podemos e devemos definir políticas salariais considerando os diferentes níveis estratégicos, os grupos de cargos e as diversas regiões em que porventura a organização atue, para que a política salarial seja assertiva, refletindo-se em resultados imediatos.

Figura 4
MEDIDAS DE TENDÊNCIA CENTRAL E SEPARATRIZES

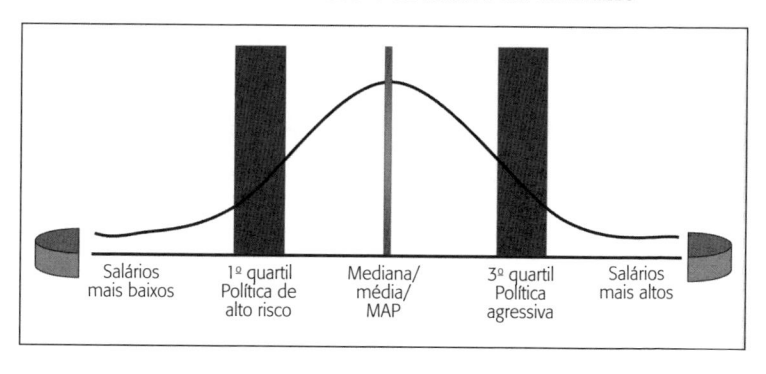

| Salários mais baixos | 1º quartil Política de alto risco | Mediana/ média/ MAP | 3º quartil Política agressiva | Salários mais altos |

Envio dos resultados para as organizações participantes

A devolução da tabulação da pesquisa para as organizações participantes é fator primordial para contarmos com a participação dessas organizações em novas pesquisas, que normalmente são realizadas anualmente. Tradicionalmente, um dos fatores de convencimento para que as organizações participem da pesquisa é que todas receberão um relatório que contém todas as medidas estatísticas e a comparação dos dados da organização com os dados do mercado pesquisado. É recomendável que as organizações atendam ao convite para participar de pesquisas salariais, devendo avaliar o rol de cargos e de organizações, sua aderência a esse rol e o retorno que terá com os dados que receberá. Importante, também, é apoiar outras organizações na realização de suas pesquisas, pois trata-se de um mercado de mão dupla, num dia fornecemos as informações e no outro podemos estar precisando delas.

É relevante também definir a melhor forma para proceder à divulgação dos resultados da pesquisa para a diretoria e para os gestores, independentemente das ações internas que a organização vier a adotar.

Paralelamente ao processo de pesquisa salarial é realizada, internamente, a etapa de avaliação de cargos.

Avaliação de cargos

A avaliação de cargos tem como objetivo proporcionar o entendimento, em cada organização, do valor relativo de cada cargo, do tamanho do cargo, ou seja, de sua importância relativa, considerando suas atividades, tarefas, responsabilidades, conhecimentos teóricos e práticos, formação. Todas essas informações são obtidas na descrição dos cargos, criando-se, assim, uma hierarquia entre os diversos cargos para a determinação de seu nível salarial.

Classificar cargos por meio da comparação deles entre si ou a uma escala predeterminada, a fim de esclarecer seu valor relativo para a organização, é uma forma lógica e justa.

A determinação do nível de remuneração para um cargo começa a ser delineada com o processo denominado avaliação de cargos. Esse processo objetiva:

❏ estabelecer uma estrutura de valores relativos para os cargos;
❏ disciplinar as relações entre esses valores, compensando-os financeiramente de maneira equitativa;

- minimizar efeitos de decisões arbitrárias para a determinação de salários;
- proporcionar um quadro claro da estrutura de cargos, dos qualificativos requeridos e das oportunidades que podem ser oferecidas;
- por ocasião da implantação da avaliação dos cargos, devemos ficar atentos a diversos fatores, entre os quais podemos citar:
  - o tamanho da organização – organizações menores devem utilizar métodos mais simples e mais rápidos, e organizações maiores devem optar por sistemas mais matemáticos ou quantitativos, menos subjetivos, porém de fácil aplicação;
  - o envolvimento de todos os níveis da organização, principalmente daquelas lideranças que, além da cultura da organização, conheçam seu *modus operandi*, sua forma de pensar e, principalmente, seu processo produtivo, entendendo onde começa e termina uma atividade e qual o seu impacto nos resultados da etapa posterior e no processo produtivo como um todo;
  - o uso do bom-senso – o bom-senso nunca deve ser totalmente eliminado em função de uma técnica, mesmo que esta seja apresentada como a melhor e a mais utilizada;
  - e, por fim, utilizar o conhecimento instalado e instaurado na organização, conversando antes e informalmente com as lideranças por ocasião da etapa anteriormente citada, que é o mapeamento dos cargos. Deve-se desenvolver, junto com o gerente entrevistado, uma escala hierárquica inicial. Certamente ele tem muito conhecimento da área, de suas peculiaridades, processos e procedimentos, além das tarefas, responsabilidades e requisitos do cargo, o que facilitará em muito a validação do processo final de avaliação dos cargos, pois o gestor se sentirá coautor do processo.

Existem diversos métodos para avaliação de cargos, uns mais simples e, às vezes, menos precisos, porém mais adequados ao momento em que se encontra determinada organização. O *startup* da área produtiva ou o tempo de que a organização dispõe para definir sua hierarquia de cargos, ou até mesmo o tamanho da organização são fatores que influenciarão a escolha do método de avaliação. Como assinalamos, existem métodos mais complexos e precisos, aplicáveis, por exemplo, àquelas organizações que possuem tempo para sua implementação, ou que já estão com seu processo produtivo plenamente consolidado e em funcionamento.

Com base na vivência e maturidade profissional dos autores, após anos desenvolvendo planos de cargos e salários, são apresentadas, de forma prática, as etapas a serem seguidas na avaliação de cargos:

a) formação do comitê de avaliação – para que a avaliação de cargos seja consistente e ganhe maior aceitação dos representantes da organização, faz-se necessária a criação de um comitê de avaliação. Esse comitê deverá ser composto pelos seguintes membros:
- membros permanentes – são os membros que deverão participar de todas as avaliações da organização. Entre eles podemos citar o gerente de recursos humanos, o gerente de remuneração ou o analista de cargos e salários;
- membros provisórios – são os membros responsáveis pelos grupos ocupacionais, que deverão opinar nas avaliações dos cargos sob sua supervisão. Entre eles podemos citar, por exemplo, o gerente ou supervisor operacional (grupo operacional), o gerente ou supervisor administrativo (grupo administrativo), o gerente ou supervisor de manutenção (grupo de manutenção) etc.;

Basicamente, a formação do comitê visa a dois objetivos: técnico e político:
- técnico – a comissão é organizada com os elementos das diversas áreas da organização mais familiarizados com os cargos que deverão ser avaliados. Com isso, garantem-se o equilíbrio e a uniformidade das avaliações em todas as áreas da organização;
- político – havendo a participação de elementos de todas as áreas da organização, representando-as devidamente, as avaliações serão aceitas sem restrições, podendo então ser oficializadas;

b) definição dos cargos-chave – cargos-chave são uma amostra, de 15% a 25%, aproximadamente, de cargos de um mesmo grupo ocupacional, os quais serão submetidos, pela comissão, ao processo de avaliação. Essa amostra permitirá que a comissão faça um teste do método de avaliação adotado, o que facilitará a avaliação dos outros cargos ou grupo ocupacionais, uma vez que servirá como parâmetro para avaliação.

Para que se consiga um parâmetro consistente e que reflita a realidade, a comissão deverá obedecer a alguns critérios na escolha desses cargos-chave, como:
- devem ser representativos de população numerosa;
- devem ter características que abranjam as diversas áreas de atividade da empresa;
- devem perceber salários que estejam distribuídos, sem concentrações excessivas, ao longo da estrutura em vigor;
- devem possuir requisitos que no seu conteúdo (conjunto) cubram todas as hipóteses contidas nos fatores de avaliação previstos;
- devem perceber salários considerados justos e razoáveis com o padrão vigente;

c) definição do método de avaliação a ser utilizado – o sistema de avaliação é o instrumento utilizado para determinar o grau de importância das funções, ou seja, o valor relativo do cargo para determinação da hierarquia de cargos. Pode ser resumido como uma régua que permite mensurar a relevância dos cargos para a empresa.

Principais critérios para a escolha do melhor sistema de avaliação:

- tamanho da empresa;
- número e natureza dos cargos;
- nível de organização da empresa;
- ambiente tecnológico predominante;
- estilo de liderança;
- e, principalmente, a expectativa da direção da empresa.

d) avaliação dos cargos-chave e, em seguida, dos demais cargos – procede-se à avaliação dos cargos-chave e, a partir do resultado obtido, obtêm-se a calibração e a validação do método definido, partindo para a avaliação dos demais cargos da organização.

A experiência dos autores deste livro na implementação de um projeto de plano de cargos e salários em organizações nos mais diversos segmentos e tamanhos permitiu observar, também, que todos os sistemas têm aspectos positivos e negativos, que variam conforme critérios mencionados neste livro. O perfil da empresa segundo tais critérios é que determinará qual sistema é mais recomendável.

Como assinalado, os métodos de avaliação de cargos podem ser divididos em dois grupos distintos, conforme mostra a figura 5.

Figura 5
MÉTODOS DE AVALIAÇÃO

Não quantitativos	Quantitativos
❏ Escalonamento	❏ Comparação de fatores
❏ Graus predeterminados	❏ Avaliação de pontos

Métodos não quantitativos

Escalonamento

Método bastante simples, que pode ser aplicado por meio da análise comparativa de todos os cargos, de forma global, definindo a importância de cada cargo de acordo com o "tamanho" que se atribui a cada um deles. Esse método deve ser utilizado nas organizações em que o número de cargos é pequeno o suficiente para não gerar desvios significativos ou dúvidas relevantes quanto ao grau de complexidade e responsabilidade de cada um deles, de modo a poder compará-los com o menor risco possível.

As vantagens desse método são: simplicidade, rapidez e baixo custo. Podemos destacar como limitações: a elevada possibilidade de existência de erros e o consequente baixo grau de precisão, o que pode comprometer os resultados e gerar sérios problemas de desmotivação no quadro funcional e riscos trabalhistas.

A hierarquia de cargos se dá sem indicação dos graus de diferença entre eles. Há apenas indicação de que um cargo é mais ou menos importante para a organização do que outro.

Graus predeterminados

Nesse método os cargos existentes na estrutura são divididos em categorias predeterminadas, tais como: supervisão, especialistas, operacionais etc. Método bem pouco utilizado, devido à impossibilidade de executar mudanças na natureza e no conteúdo dos cargos sem gerar uma grande carga de trabalho operacional, dada a necessidade de executar um novo escalonamento.

A hierarquia de cargos se dá em função de um número de categorias, com definições para cada grau, de tal maneira que a escala prefixada se torna um padrão em relação ao qual os cargos são avaliados.

Apresentamos, no apêndice C, um exemplo desse método.

Métodos quantitativos

COMPARAÇÃO DE FATORES

Esse método se assemelha à metodologia do *ranking* (escalonamento), porém, em lugar de serem comparados os cargos em sua composição total, são estabelecidos fatores que servirão de critério de avaliação. Foi bastante utilizado no ambiente fabril e se valia, na maioria das vezes, de quatro fatores: requisitos mentais, habilidades requeridas, requisitos físicos, responsabilidades. A grande necessidade de análises e ajustes o colocou quase em desuso.

AVALIAÇÃO DE PONTOS

Esse método é mais utilizado quando o número de cargos a serem avaliados é tal que possibilita maior risco de erro, caso os analisemos com base apenas em um critério de avaliação, sem a sustentação de uma força de mensuração mais fidedigna e concreta. Geralmente é o mais utilizado nas organizações. Sua grande vantagem é a precisão dos resultados obtidos por meio de sua utilização, tornando-o bastante confiável e justo, gerando uma tomada de decisão mais equilibrada e correta.

A hierarquização de cargos se dá em função do somatório de pontos obtidos pelo cargo quando de sua avaliação nos diversos graus dos fatores de avaliação.

Para o desenvolvimento de um sistema de pontos, podemos citar alguns passos que geralmente se fazem necessários:

- estabelecer uma comissão para avaliar os cargos;
- analisar uma amostra significativa de cargos;
- definir sistemas diferentes para os cargos operacionais, administrativos e gerenciais, uma vez que estes requerem fatores diferentes e específicos;
- procurar estabelecer, para os cargos, fatores que evidenciem as características específicas para se obter uma avaliação melhor;
- ponderar os fatores de acordo com seu grau de importância para a organização;
- dividir os fatores em graus, ou seja, montar a escala de pontos para todos os fatores e seus graus, que representam a intensidade com que cada fator está presente em um cargo;
- descrever pormenorizadamente os significados dos fatores e de seus respectivos graus, ou seja, a montagem do manual de avaliação de cargos;
- avaliar todos os cargos para chegar à hierarquização por ponto;
- checar a hierarquia resultante, identificando possíveis desníveis a serem ajustados.

Métodos sistêmicos

Outros métodos para avaliação de cargos desenvolvidos em laboratório derivam desses métodos tradicionais, citados anteriormente e que, segundo Paschoal (2006), são denominados métodos sistêmicos, desenvolvidos dentro de uma abordagem própria e que são fornecidos às organizações já prontos, ou seja, não foram desenvolvidos individualmente para cada organização.

Os métodos sistêmicos mais conhecidos são: método Hay, método Hoyler, método Rhumo 3D+1, método Price, entre outros, desenvolvidos e apresentados por organizações especializadas em consultoria de remuneração que utilizam fatores e subfatores para a avaliação dos cargos. Esses métodos são de propriedade das consultorias e levam seus nomes, e apenas elas podem utilizá-los. Podemos dizer que são originários do método de pontos.

Normalmente, a avaliação dos cargos deve ser realizada por um comitê de profissionais que conheçam os diversos cargos da organização, seus macroprocessos, e que venham contribuir e participar, de forma ativa e isenta, da classificação dos cargos. Apresentamos, no apêndice D, um exemplo do método de avaliação por pontos.

Estrutura salarial: grades e faixas salariais

A definição da estrutura salarial da organização resulta da conjugação dos resultados da avaliação dos cargos e da pesquisa salarial.

Os cargos são agrupados, em função de sua avaliação, em classes ou grades. A partir disso, utiliza-se o resultado da pesquisa salarial, explicitado por meio da média salarial ou da mediana praticada para o grupo de cargos. Essa posição será a referência para o estabelecimento da faixa salarial relativa àquela classe. Logo após, aplica-se um percentual sobre o valor definido como inicial de faixa. Apresentamos, na tabela 2, um exemplo, com valores hipotéticos.

Segundo Marras (2000:124),

> a estrutura salarial é um conjunto de diversas faixas salariais, agrupando cargos com avaliações próximas, contemplando, no interior de sua estrutura, valores salariais calculados e determinados matematicamente objetivando atender a política empresarial previamente determinada.

Tabela 2
Exemplo de uma estrutura salarial (em unidades de valor)

Classes ou grades de cargos	Faixa salarial por classe/grade de cargos									
	Estágios salariais (*steps* salariais)									
	1	2	3	4	5	6	7	8	9	10
1	1.003,20	1.033,00	1.064,00	1.096,00	1.129,00	1.163,00	1.198,00	1.234,00	1.271,00	1.309,00
2	1.348,00	1.388,00	1.430,00	1.473,00	1.517,00	1.563,00	1.610,00	1.658,00	1.708,00	1.759,00
3	1.812,00	1.866,00	1.922,00	1.980,00	2.039,00	2.100,00	2.163,00	2.228,00	2.295,00	2.364,00
4	2.435,00	2.508,00	2.583,00	2.660,00	2.740,00	2.822,00	2.907,00	2.994,00	3.084,00	3.177,00
5	3.272,00	3.370,00	3.471,00	3.575,00	3.682,00	3.792,00	3.906,00	4.023,00	4.144,00	4.268,00
6	4.396,00	4.528,00	4.664,00	4.804,00	4.948,00	5.096,00	5.249,00	5.406,00	5.568,00	5.735,00
7	5.907,00	6.084,00	6.267,00	6.455,00	6.649,00	6.848,00	7.053,00	7.265,00	7.483,00	7.707,00
8	7.938,00	8.176,00	8.421,00	8.674,00	8.934,00	9.202,00	9.478,00	9.762,00	10.055,00	10.357,00
9	10.668,00	10.988,00	11.318,00	11.658,00	12.008,00	12.368,00	12.739,00	13.121,00	13.515,00	13.920,00
10	14.338,00	14.768,00	15.211,00	15.667,00	16.137,00	16.621,00	17.120,00	17.634,00	18.163,00	18.708,00
11	19.269,00	19.847,00	20.442,00	21.055,00	21.687,00	22.338,00	23.008,00	23.698,00	24.409,00	25.141,00
12	25.895,00	26.672,00	27.472,00	28.296,00	29.145,00	30.019,00	30.920,00	31.848,00	32.803,00	33.787,00

Média dos cargos classe/grade: Na elaboração da estrutura salarial, devemos considerar os valores tabulados da pesquisa salarial. Normalmente é utilizada, como referência para a elaboração das faixas salariais, a média aritmética ponderada ou a mediana, posições muito próximas e ambas apresentadas no resultado da pesquisa salarial.

Apresentamos, a seguir, os termos usuais quando se estabelece a estrutura de salários.

- classe – é o agrupamento dos cargos que correspondem a determinado nível salarial;
- amplitude das faixas – consiste em definir, a partir do valor inicial, o maior salário da faixa. É a diferença entre o maior e o menor valor da faixa salarial; é a diferença percentual entre o maior e o menor salário dentro de cada classe;
- estágios salariais – a faixa salarial é composta por valores intermediários denominados estágios salariais (*steps* salariais). A diferença entre os estágios salariais denomina-se razão;
- superposição das faixas – é uma prática utilizada para facilitar a gestão do sistema de remuneração. Possibilita a equiparação salarial entre ocupantes de cargos posicionados em níveis de classificação diferentes. É o quanto o salário de uma classe supera ou sobrepõe o das classes hierarquicamente superiores.

Implantação e manutenção do plano de cargos e salários

Toda implantação de um plano de cargos e salários deverá ser precedida do cálculo do custo para enquadramento de todos os profissionais da organização nos novos cargos e, consequentemente, em suas respectivas faixas salariais, conforme estabelecido pela estrutura salarial.

Durante a implantação do plano de cargos e salários, sugerimos que todas as regras, descrições dos cargos, classes/grades de cargos sejam amplamente divulgadas para todos os gerentes da organização. Recomendamos a revisão anual das descrições dos cargos e a realização de pesquisa salarial anualmente (ou participação em), verificando o grau de atratividade da tabela salarial da organização. No caso de revisão do plano em geral e suas políticas, a metodologia adotada deve ser a mesma adotada por ocasião de sua construção.

Normas para administração do plano de cargos e salários

Para que o plano de cargos e salários tenha sucesso e seja um instrumento eficaz na gestão dos recursos humanos, são de fundamental importância o entendimento de suas bases conceituais e a uniformidade de interpretação e aplicação desses conceitos por parte de todas as pessoas envolvidas.

Para tanto, devem ser estabelecidos procedimentos visando definir princípios, critérios e responsabilidades na gestão salarial de todos os profissionais lotados no quadro de pessoal da organização.

Apresentamos, no apêndice E, um exemplo, a título de ilustração.

Remuneração baseada em competências

O ambiente marcado por mudanças imprevisíveis, aceleradas e incontroláveis impôs a mudança na arquitetura dos sistemas de remuneração. A gestão salarial baseada no conceito de competência gradativamente ganha espaço no mundo organizacional.

Para Zarifian (2001) o novo contexto impõe uma nova forma de gerenciamento humano devido às seguintes transformações ocorridas no mundo do trabalho:

❏ a noção de incidente refere-se ao que ocorre de modo imprevisto e que perturba o sistema de produção, ultrapassando sua capacidade rotineira de assegurar a autorregulação. Assim, a competência não está contida nas definições *a priori* da tarefa. As pessoas precisam mobilizar recursos continuamente para resolver novas situações;
❏ a noção de comunicação implica a necessidade de as pessoas compreenderem o outro e a si mesmas para propiciar o compartilhamento de objetivos e normas organizacionais;

❏ a noção de serviços significa que todos precisam compreender que em todas as atividades há um cliente (interno ou externo) que deve ser plenamente atendido.

Em última instância, o crescente interesse pela remuneração por competências resultou da concorrência de vários fatores. Segundo Zarifian (2001), por um lado a crescente preocupação com a compreensão das efetivas demandas dos clientes internos ou externos exige profissionais mais qualificados; por outro, as mudanças nas estruturas organizacionais, onde se delineiam sistemas mais flexíveis em substituição às estruturas rígidas, contribuem para a gradativa substituição do conceito cargo por competência. Estruturas menos rígidas implicam maior delegação e autonomia.

Vale ressaltar um terceiro ponto, além dos assinalados, qual seja, os trabalhos conduzidos por Hamel e Prahalad (1995). A partir da publicação do livro *Competindo pelo futuro*, o conceito de competência se tornou um jargão corporativo. Os autores defendem a ideia de que a competição pela liderança em competência precede a competição pela liderança em produto. Orientada por essa tese cabe à organização investir em práticas que favoreçam a aquisição e o desenvolvimento das competências de seus empregados:

> uma competência específica de uma organização representa a soma do aprendizado de todos os conjuntos de habilidades tanto em nível pessoal quanto de unidade organizacional [Hamel e Prahalad, 1995:34].

Por essa perspectiva, empresas competentes para o enfrentamento dos desafios da competitividade devem atrair e desenvolver competências em seu corpo funcional.

A gestão da remuneração não poderia deixar de atentar para o novo conceito. A concepção da recompensa financeira do empregado se torna cada vez mais descolada do velho paradigma que concebe o trabalho como um conjunto de tarefas previamente estabelecidas. Ela se torna o prolongamento direto da capacidade do indivíduo de mobilizar seu saber e sua habilidade em uma situação específica, mutável e complexa. O conceito de competência vem assumindo o papel antes desempenhado pelo conceito cargo.

Como assinalam Souza e Souza (2015), competência é um conceito ainda em construção, principalmente quando atrelado à remuneração. Mas, apesar das divergências teóricas, um número expressivo de autores o compreende como um conjunto de conhecimentos, habilidades e atitudes. Esses três elementos configuram os saberes diversos que devem ser mobilizados pelos indivíduos na busca de melhores resultados.

O conhecimento é a dimensão do saber relacionada ao conjunto de informações que o indivíduo acumulou ao longo de sua vida profissional, aplicáveis à obtenção de resultados em seu campo de atuação.

A habilidade é a dimensão do saber fazer. Trata-se da aplicação da experiência e do conhecimento, de uma maneira especial e própria de fazer acontecer, reveladora de dons e talentos individuais. As habilidades se caracterizam por estar sempre em processo de desenvolvimento, apresentando-se inicialmente como potencialidades, passando por fases de aprimoramento, até chegar à geração efetiva de resultados.

A atitude é a dimensão *ser* da competência. São os comportamentos observáveis do empregado: como ele age junto a pares, superiores, subordinados, clientes e fornecedores. As atitudes estão relacionadas ao conjunto de crenças, valores e princípios que norteiam o comportamento do empregado.

É conveniente ressaltar que a remuneração por competências se fundamenta nessa perspectiva. Entretanto, para ser aplicado de forma pragmática, o conceito de competência necessita estar associado ao conceito de resultados. No jargão da literatura de gestão de pessoas, competência é o insumo básico para a geração de resultados. Dito de outro modo, raríssimas empresas utilizam esse modelo (puro), mas associam a lógica da competência à remuneração pelo desempenho, ou seja, à remuneração variável. A competência é um insumo para o alcance de metas. Desse modo, as organizações incorporam a lógica exposta por Zarifian (2001), sem, contudo, gerar um custo fixo.

Finalizando, a implementação de um modelo de remuneração por competências não é modismo, mas sim uma evolução dos modelos tradicionais, incrementando nas organizações metodologias inovadoras e permitindo que estas disseminem e fortaleçam o conhecimento das competências em seu ambiente interno. Isso favorece o comprometimento das lideranças na gestão e desenvolvimento de sua equipe e proporciona ainda mais a busca da excelência na gestão das pessoas.

O próximo capítulo tem como foco o salário indireto, tradicionalmente denominado benefícios.

3

Remuneração indireta

O capítulo anterior enfatizou que o valor do cargo é fator-chave para a definição da remuneração tradicional, bem como a crescente importância da gestão baseada em competências, esta como uma evolução dos modelos de remuneração baseada no cargo. Este capítulo destina-se a tratar da parcela da remuneração total, tradicionalmente denominada benefícios. Ao longo de nossos comentários, iremos assinalar diversos pontos para reflexão, entre eles a importância e impacto dos benefícios nos custos da remuneração, assim como os aspectos sociais e legais praticados pelas organizações em relação a seus empregados.

Benefícios: tradução da estratégia organizacional

Existem no mercado brasileiro diversos modelos e práticas de planos de benefícios. Desenhar, pesquisar, estruturar um plano de benefícios tem sido responsabilidade e competência do departamento que se ocupa dos recursos humanos, alinhando-o às estratégias, às condições econômico-financeiras, às características e práticas do segmento de atuação da organização e às determinações legais, negociadas com os sindicatos por ocasião dos acordos coletivos nas datas-bases.

A variedade de planos encontrados no mercado demonstra o interesse das organizações na busca de diferentes soluções para a satisfação, qualidade de vida e custos competitivos praticados na remuneração total.

O surgimento das práticas dos planos de benefícios por parte das organizações teve, inicialmente, uma característica paternalista, embora também tenha sido motivado por uma estratégia de atratividade e controle da alta rotatividade de profissionais.

Com o passar do tempo, tornou-se uma estratégia aplicada na maior parte das organizações, indo ao encontro dos interesses de diferenciação dos aspectos competitivos entre as organizações e, sobretudo, da preservação das condições físicas, sociais e psicológicas dos empregados.

Os benefícios oferecidos pelas organizações traduzem, em parte, sua filosofia e estratégia de remuneração. A prática de um plano de benefícios competitivo com o mercado pode ser um diferencial na hora da escolha e na opção de permanência de um profissional em uma organização.

Para ser competitivo, o plano de benefícios deverá levar em conta seus custos e sua identidade com o mercado e com o negócio. Deverá também ter relação coerente com o salário--base. Portanto, além de ser um diferencial na atração, retenção e motivação de empregados, um plano de benefícios é um fator importante na estrutura de custos de uma organização e, portanto, necessita ser concebido de modo alinhado à sua capacidade financeira.

Podemos afirmar que os benefícios, atualmente, representam uma boa parte da remuneração total praticada pela organização e, normalmente, influenciam expressivamente a escolha ou a decisão de um profissional diante de proposta de emprego.

Em sua maioria, os benefícios oferecidos pelas organizações aos seus empregados possuem características sociais e estão, cada vez mais, diretamente relacionados aos conceitos e interesses de responsabilidade social que as organizações definem como valores, filosofia e práticas de uma nova consciência organizacional.

Fatores impactantes nos projetos de planos de benefícios das empresas

Na prática, os planos de benefícios são orientados por fatores distintos, entre os quais destacamos: posicionamento dos sindicatos nas negociações coletivas; legislação trabalhista e previdenciária definida pelo governo; práticas de mercado que estimulam a atratividade das organizações na busca por talentos; fatores tributários que permitem deduções das obrigações fiscais da organização. Vejamos em detalhes cada um dos fatores assinalados.

Posicionamento dos sindicatos nas negociações coletivas

Grande parte das representações sindicais busca, em suas estratégias de composição dos acordos coletivos de trabalho, ou mesmo em suas pautas de reivindicações encaminhadas às organizações por ocasião das datas-bases, a melhoria dos benefícios praticados e acordados até então e, eventualmente, a inclusão de novos itens.

As entidades sindicais, em sua maioria, têm, como pleito de negociação, benefícios muito identificados com as características socioeconômicas da categoria que representam. Isso significa, por exemplo, que em empresas cuja base da força de trabalho representa uma parcela significativa de sua população, o foco das atividades sindicais estará voltado para a conquista de concessão de benefícios que lhe tragam melhores condições.

Nesse perfil de empresa, as reivindicações recaem sobre as necessidades relacionadas à melhoria de assistência médica, cesta básica, entre outras.

Esse alinhamento se torna fundamental na assertividade das ações sindicais junto a seus representados.

Legislação trabalhista e previdenciária

Os benefícios concedidos por definição legal/previdenciária garantem aos empregados condições sociais e vantagens que envolvem o recebimento de um benefício pecuniário, pago pela previdência social, por afastamento para tratamento de saúde, licença-maternidade, aposentadoria por invalidez. Garantem, também, pensão a beneficiários em caso de morte e aposentadoria quando cumprido o tempo de serviço/recolhimento previdenciário definido na legislação em vigor.

Práticas que estimulam a atração de talentos

Um dos caminhos encontrados pelas organizações para atrair e reter talentos é o modelo de remuneração total, em que o salário indireto representa uma parcela significativa dessa remuneração. Nesse sentido, as organizações têm primado pela oferta de um conjunto de benefícios que representem o atendimento dos interesses dos empregados. Esses interesses estão cada vez mais diversificados e, muitas vezes, sugerem que as organizações flexibilizem suas ofertas ou pratiquem muita criatividade na estruturação do seu menu de benefícios.

Alguns exemplos representativos dessa estratégia de atendimento das demandas verificadas na modernidade são encontrados no mercado, destacando-se: academia de ginástica no local de trabalho, um dia ou uma parte do dia livre para solução de problemas pessoais, *home office* ou horário flexível, previsto em lei, entre outros. Esses benefícios tornam as organizações, além de atraentes, muito competitivas, passando a ser um desafio da gestão moderna de benefícios a identificação e oferta desses modelos, principalmente em segmentos em que o elemento humano, por meio de suas competências, contribui para o aumento da competitividade organizacional. Destacamos, adiante, uma modelagem de benefícios denominada benefícios flexíveis.

Fatores tributários que permitem dedução fiscal

Trata-se de um conjunto de benefícios praticados pelas organizações que garante incentivo fiscal para o empregador e vantagens para o empregado. Conceitualmente, o governo demonstra, com isso, seu interesse em contribuir e participar de uma proposta que atenda às necessidades sociais, humanas e econômicas de todos os envolvidos. Entre eles, temos alimentação/refeição, transporte, educação/treinamento, em que há incentivos à organização, com deduções específicas. Para os empregados, podemos citar, por exemplo, as contribuições realizadas tanto para a previdência social quanto para a previdência privada, que impactam nas alíquotas mensais ou mesmo na dedução anual, respectivamente, do imposto de renda.

Classificação dos benefícios

Os benefícios, como assinalado, são orientados por aspectos relacionados a obrigações legais e pelas estratégias empresariais relacionadas ao gerenciamento do elemento humano. Os benefícios mais comumente ofertados pelas organizações brasileiras podem ser classificados em:

a) *legais* – os planos de benefícios praticados pelas organizações podem ser classificados em legais e espontâneos. Os legais

são oferecidos aos empregados por exigência da própria legislação trabalhista ou previdenciária, ou fazem parte das convenções coletivas de trabalho ou dos acordos coletivos negociados entre os sindicatos e as organizações. São eles, entre outros:
- 13º salário ou gratificação natalina;
- férias;
- previdência social;
- seguro de acidente do trabalho;
- salário-família;
- horas extras;
- licença-maternidade;
- creche ou auxílio-creche;
- auxílio-doença;
- adicional por trabalho noturno;
- vale-transporte.

b) *espontâneos* – os benefícios espontâneos são aqueles ofertados pelas organizações sem que, para tal, haja a obrigação legal. Essa oferta se observa em expansão nas últimas décadas, crescimento esse que está relacionado ao fato de a gestão de pessoas entender e buscar o engajamento dos empregados por meio de estratégias efetivas para o atendimento de suas necessidades. Esse atendimento tem como consequência a motivação dos empregados, fator imprescindível para a construção da vantagem competitiva por meio da atração e manutenção de talentos.

Nessa direção, o ambiente de trabalho, os valores ditos e praticados pela organização – expressos por posturas gerenciais –, a comunicação clara e habitual e um plano diferenciado de benefícios têm sido percebidos como um caminho assertivo para manutenção da motivação dos empregados e de um ambiente organizacional suportado por um bom clima de trabalho.

Há que se relembrar que, desde os estudos realizados por Maslow e disseminados pela escola de relações humanas, entende-se que a ênfase no atendimento das necessidades do elemento humano gera motivação.

A experiência comprova que não há mágica no gerenciamento do elemento humano. São as práticas, as posturas, os valores e as crenças – em suma, a cultura das organizações – que favorecem ou não o engajamento de seus empregados nos objetivos corporativos. É nesse contexto que o modelo de gestão deve contemplar como estratégia a motivação por meio da oferta de benefícios que contribuam para o comprometimento, a disponibilidade e a criatividade do empregado na melhoria de processos e soluções.

Nos modelos de gestão avançados, a liderança gerencial passa a ter um papel cada vez mais importante na valorização, pelos empregados, dos benefícios ofertados pela organização. Por sua vez, a área de gestão de pessoas tem como desafio o conhecimento das práticas e tendências de mercado, bem como o exercício de uma visão criativa acerca das possibilidades de inovação, melhoria e flexibilidade de alguns benefícios, tornando assim a estratégia de incentivos um fator de relevância na definição da política de remuneração.

Na gestão do século XXI, como vimos assinalando, um plano de benefícios é considerado uma regalia oferecida pelas organizações a seus empregados por poupar-lhes preocupação com algumas de suas necessidades. Cumpre ressaltar que, do ponto de vista de custos, os benefícios contribuem para que a organização os minimize, tendo em vista que, na sua maioria, os benefícios representam desembolso financeiro relativamente inferior se comparados ao salário-base, já que, sobre este último, incidem os encargos sociais.

Os benefícios podem ser percebidos, pelos empregados, como uma obrigação da empresa e podem cair no lugar-comum, não sendo valorizados e, portanto, não funcionando como um incentivo gerador de motivação. Portanto, um desafio das organizações está relacionado a sua estratégia de endomarketing, em que suas ações devem se tornar expostas, conhecidas e, consequentemente, percebidas pelos seus empregados como um diferencial de atração e retenção dos bons profissionais. Sem dúvida, um plano de benefícios constitui uma importante parcela do pacote de remuneração, e, de forma indireta, remunera os empregados, oferecendo-lhes expressiva contribuição para a satisfação das suas necessidades pessoais.

Benefícios flexíveis

Um traço comum às organizações de alto desempenho do século XXI é a flexibilidade na concepção do trabalho e nas estruturas organizacionais, mas, sobretudo, na relação desenvolvida com seus empregados. É nessa linha de pensamento que se coloca a flexibilização dos benefícios. Sua lógica explicita uma questão fundamental, qual seja, a de servir a todos os empregados da organização, atendendo às diferentes expectativas.

A premissa básica dos programas de benefícios flexíveis é a customização dos benefícios, baseada na ideia de que cada profissional atribui valor diferente a cada um deles. Como muitos benefícios podem ser valorizados e úteis para uns e, ao mesmo tempo, desvalorizados e inúteis para outros, cada pessoa poderá montar seu próprio pacote.

O conceito de benefícios flexíveis passa pelo desenvolvimento e implantação de um menu em que cada empregado escolhe a melhor composição, criando uma "cesta" ou um mix de benefícios identificados com seus interesses de curto prazo. Logicamente, as organizações decidem, com base na estrutura de custo anual destinada a cada empregado, um limite mensal ou anual para que essa composição seja formatada.

Nas organizações que desenvolveram esse modelo, algumas importantes definições foram necessárias. São elas:

❏ definir um conjunto de benefícios chamados básicos e não sujeitos a trocas;
❏ definir uma verba por empregado para os benefícios que lhe interesse "comprar"/"substituir";
❏ definir a periodicidade de trocas dos benefícios.

Benefícios básicos

Entre os benefícios chamados básicos e não sujeitos a trocas estão o plano de saúde, o vale-refeição, o seguro de vida e os planos de aposentadoria. Por outro lado, passam a fazer parte dos benefícios que a organização oferece itens como: academia de ginástica, estacionamento, cursos de línguas, combustível, programas de educação continuada (cursos universitários, MBAs, mestrados, por exemplo), afastamento/suspensão temporária do contrato de trabalho para participação em cursos de maior duração com dedicação exclusiva, psicoterapias, serviços de *coaching*, descontos na compra de produtos da própria organização, empréstimos, entre outros.

Podemos afirmar que alguns desses já fazem parte do plano de benefícios básicos praticados e oferecidos por algumas organizações do mercado, porém em um número pouco expressivo quando comparado ao mercado geral.

Com essa oferta de flexibilização, e com base no custo mensal ou anual disponibilizado para cada empregado, como apontado, poderá ser construída a cesta de interesses para um período que, em média, é de 12 meses, quando, então, o funcionário poderá recompor seu pacote de benefícios flexíveis.

Em alguns casos, o valor disponibilizado não é suficiente para o patrocínio integral do(s) benefício(s) selecionado(s), seja na cota mensal ou no total acumulado para o período. Quando isso acontece, os valores passam a corresponder a um percentual do custo final do(s) benefício(s) escolhido(s) pelo empregado.

Vale ressaltar dois pontos quando se analisa a flexibilização dos benefícios. O primeiro está relacionado às vantagens apontadas por empresas, entre elas a HP do Brasil, que fizeram uso dessa forma de oferta. As empresas destacam que essa modalidade de programa contribui positivamente para a garantia de um posicionamento empresarial mais competitivo, por favorecer a melhoria da percepção do valor dos benefícios, impactar positivamente na atração e seleção de capital humano e possibilitar um melhor retorno do investimento realizado. Isso porque o modelo favorece o uso mais consciente pelos empregados.

Um segundo aspecto a ser considerado é o fato de que alguns benefícios não podem ser flexibilizados por representarem aspectos legais e sociais, e mesmo filosóficos, da gestão de pessoas.

Percebe-se que um número pequeno de organizações, na atualidade, faz uso de um plano de benefícios flexíveis, muito em função da operacionalização que ele impõe e da rotatividade de empregados, quando isso representa uma realidade do segmento em que a organização atua. Acreditamos que em breve essa será uma prática em um número maior de organizações, em função de sua atratividade e da motivação causada nos empregados. Todavia, há que se refletir que a flexibilização dos benefícios sugere, ao mesmo tempo, que as organizações sejam cautelosas, tanto na fase de implementação quanto no decorrer da maturidade da prática.

As organizações devem avaliar e analisar todo o contexto e, sobretudo, ter a melhor fotografia do perfil de interesses de seus empregados, lembrando que, no caso de uma oferta de flexibilização com muitos itens de opção, sem dúvida haverá a necessidade de coparticipação dos empregados nos custos para que sua manutenção seja viável.

A flexibilização de benefícios é, sem dúvida, uma matéria instigante. Sua concepção e implementação possuem sutilezas tanto para a organização quanto para o empregado, exige desenho próprio e extrema atenção para as relações entre as partes.

A seguir, apresentamos um rol dos benefícios mais ofertados pelas empresas brasileiras, segundo pesquisa desenvolvida pela PricewaterhouseCoopers (2011).

Alimentação

Representa expressivo percentual de prática no mercado brasileiro, com diversos modelos de concessão, entre os quais:

- vale-alimentação (normalmente em forma de cartão plástico);
- distribuição de gêneros alimentícios;
- convênios com cooperativas ou postos de abastecimento.

Na maioria dos casos, esse benefício é ofertado prioritariamente para os níveis operacionais e/ou aqueles inseridos no ambiente operacional, não deixando, logicamente, em algumas organizações, de ser estendido a todos os demais níveis hierárquicos.

É um benefício com limite de valor, definido pela organização, e pode constar dos acordos ou convenções coletivas de trabalho, fazendo parte das negociações e renovações anuais na data-base. Outra característica é que os empregados participam (com percentuais pequenos) no custo final do benefício.

Refeição

Trata-se de outro benefício muito frequente nos planos de benefícios praticados no mercado brasileiro. Entre as formas de concessão, encontramos:

- vale-refeição (normalmente em forma de cartão plástico);
- restaurantes, no local de trabalho, administrados por terceiros;
- restaurantes, no local de trabalho, administrados pela organização;
- convênio com restaurantes fisicamente próximos à organização;
- reembolso de valores diários.

O percentual de participação da organização e dos empregados nos custos desse benefício também apresenta variações, na maioria das vezes em função do segmento de atuação ou do nível hierárquico do empregado. Ressalta-se que, normalmente, a participação percentual das organizações no custo desse benefício é superior a 50%, podendo mesmo chegar, em alguns casos, a 100%, tendo em vista os incentivos fiscais oferecidos pelo Programa de Alimentação do Trabalhador (PAT).

É um benefício com limite de valor definido pela organização para os empregados e pode constar dos acordos ou convenções coletivas de trabalho, fazendo parte das negociações anuais na data-base.

Plano assistencial de saúde ou seguro-saúde

É um benefício muito praticado no mercado. Suas principais modalidades são: administração por pré-pagamentos, administração por pós-pagamento e, em algumas empresas, as duas modalidades são praticadas.

Existem diversas práticas desse benefício. Alguns pontos são muito importantes para a escolha do melhor produto, entre os quais temos: o custo, as categorias de atendimento e cobertura, sua abrangência geográfica e a qualidade dos prestadores associados.

A maioria das empresas pratica ofertas relacionadas aos níveis hierárquicos; nessa linha, encontramos modelos praticados que são chamados de básicos, intermediários e executivos, podendo, assim, ser identificados e customizados conforme o interesse e costumes dos empregados.

Um ponto que merece destaque nesse benefício diz respeito à elegibilidade do empregado e a inclusão de dependentes. Nas empresas de grande porte, ainda é usual que, além dos empregados, sejam incluídos seus dependentes legais, tais como cônjuge/companheiro legal, filhos legítimos e legitimados até 24 anos (se universitários), além de estagiários, estes últimos sem a inclusão de dependentes.

Nos últimos anos, vem crescendo a coparticipação dos empregados, seja no custo da mensalidade/apólice ou nos serviços por eles consumidos. Tem havido também crescimento dos números referentes aos percentuais dessas coparticipações pagas pelos empregados quando do uso dos serviços.

Sem dúvida, o tema é de altíssima delicadeza, principalmente num cenário como o do Brasil, quando nos defrontamos com a realidade dos sistemas de saúde público e privado.

Grande parte desses serviços é, hoje, oferecida por empresas especializadas, com domínio técnico, ou por cooperativas que possuem essa finalidade.

No que diz respeito à inclusão de dependentes, vislumbramos, para médio e longo prazos, uma tendência à eliminação dessa regalia. É importante destacar, entretanto, que a inclusão dos dependentes poderá ser mantida, desde que o custo da mesma seja totalmente coberto pelo empregado. A vantagem, neste caso, é menor custo a ser coberto pelo trabalhador se comparado com a aquisição do benefício sem a intermediação da empresa.

Ainda na perspectiva do cuidado com a saúde dos empregados, observamos:

❑ assistência odontológica – esse benefício vem crescendo nas práticas de mercado, e normalmente está atrelado à apólice ou contrato do plano de saúde, ou então é contratado junto a prestadores de serviços de odontologia. O mix de participação nos custos organização × empregado é influenciado pelo nível hierárquico, chegando, em alguns casos, a ser oferecido para os níveis operacionais de forma integralmente patrocinada pela organização;

- auxílio-farmácia – a empresa contribui com um percentual sobre o valor do medicamento ou contrata convênios com redes de vendas, oferecendo descontos na compra dos medicamentos;
- auxílio-ótica – a empresa contribui com um percentual sobre o valor dos óculos ou pratica empréstimos com descontos mensais para a aquisição do produto, ou, ainda, cria convênio com redes de óticas para oferecer descontos nas compras;
- *checkup* – na maior parte das vezes, encontramos esse benefício sendo oferecido apenas aos níveis de diretoria e gerência. É uma prática de avaliação anual ou bianual da saúde dos seus dirigentes, permitindo, de forma preventiva, identificar doenças e providenciar os tratamentos.

Um ponto que merece destaque no benefício saúde são as campanhas de conscientização da saúde preventiva que têm sido instituídas nas organizações, objetivando um maior entendimento e conscientização das ações favoráveis à qualidade de vida, apontando aos empregados hábitos saudáveis que contribuam para seu bem-estar.

O resultado dessas ações está diretamente ligado à valorização do bem-estar do empregado. Além disso, uma cultura da prevenção de doenças implica diminuição da sinistralidade, isto é, dos custos dos seguros de saúde, e do absenteísmo. Encontramos também ações das organizações junto aos familiares dos empregados, através de distribuição ou envio de folhetos educativos, que contribuem ainda mais para a percepção de seu envolvimento e interesse pelas famílias de seus empregados.

Veículos

Esse benefício, em geral, é disponibilizado a dois grupos de empregados:

- ❑ cargos executivos (diretores e gerentes) – o bem pode possuir características distintas e relacionadas ao nível hierárquico, variando seu valor, tipo/modelo (definidos pela empresa ou de livre escolha pelo empregado), tempo de substituição, reembolso de despesas com manutenção e uso, propriedade da empresa ou do usuário por meio de financiamentos ou mesmo contrato de comodato. Em menor escala, é concedido por meio de *leasing* ou locação realizados pela empresa. Nesses casos, encontramos, complementarmente, a opção de compra pelo empregado/usuário ao fim do período de utilização, estabelecido previamente na política que orienta a concessão;
- ❑ cargos específicos – o bem é concedido objetivando o desempenho das funções atribuídas ao cargo, por exemplo, assistentes técnicos, engenheiros de obras/projetos, médicos, vendedores etc. Nesses casos, as características do bem estão diretamente relacionadas à utilidade e contribuição que ele oferece para a qualidade e/ou a praticidade da atividade exercida pelo usuário. Ressalta-se aqui a diferença entre o veículo como um benefício e como um instrumento de trabalho. Embora seja um tema complexo, algumas empresas determinam que o usuário devolva o veículo ao término da semana, evitando sua utilização no fim de semana em atividades pessoais, o que não se caracteriza como um benefício. Em outras empresas, o usuário pode desfrutar do veículo no fim de semana e até mesmo em férias, assumindo apenas as despesas de combustível ou de manutenção que possam ocorrer nesses períodos.

Previdência privada/planos de aposentadoria

Em razão dos baixos valores dos benefícios pagos pelo Instituto Nacional de Seguridade Social (INSS) aos aposentados e pensionistas, o mercado de planos de previdência privada vem crescendo de forma substancial nos últimos anos, como benefício praticado pelas organizações.

Suas principais características são:

- contribuições mensais ou periódicas;
- participação somente das organizações ou participação das organizações e dos empregados;
- recursos administrados pela própria empresa;
- recursos administrados por fundo de pensão (seguradoras ou bancos).

O mercado define os critérios de concessão do benefício aos empregados, tais como:

- idade mínima para concessão do benefício – 60 anos para homens e 55 anos para mulheres;
- tempo de empresa – 10 anos, no mínimo;
- ser elegível ao benefício do INSS.

Características, formatação e modelos de planos

As organizações optam por vários tipos de planos de previdência privada.

Quando se trata de organizações públicas, de capital misto ou de capital privado, podemos encontrar uma série de planos que se alinham às características da organização propriamente dita.

As organizações públicas ou de capital misto possuem planos/fundos fechados, com administração própria ou assistida por consultorias especializadas. Em sua maioria, as contribuições da organização e dos empregados se dão em proporções que variam. Os valores aportados são gerenciados buscando alta rentabilidade para garantir aos empregados participantes uma aposentadoria vitalícia com valores que, somados ao benefício do INSS, proporcionarão um rendimento mensal equivalente a uma percentagem do último salário percebido pelo empregado.

As organizações privadas, na sua maioria, possuem uma proposta de contratação de seguradoras ou instituições financeiras que ofereçam essa gestão/administração como produto.

Nessas organizações, encontramos algumas diferentes formas e composições de planos, em que fatores como percentual sobre o salário do empregado investido mensalmente, participações percentuais diferenciadas por níveis hierárquicos, contribuições diferenciadas por parte da organização, escala de tempo para resgates totais ou parciais fazem parte da estrutura técnica, filosófica e dos regulamentos.

Predominantemente, são utilizados dois modelos de planos:

❏ PGBL – plano gerador de benefício livre;
❏ VGBL – vida gerador de benefício livre.

Em ambos os planos, a estratégia é de acúmulo de recursos dentro de um prazo contratado. Ao longo desse período, os valores investidos serão aplicados e rentabilizados pela gestora do plano, a quem cabe praticar modelos de investimentos em que parte da reserva seja protegida em investimentos conservadores e parte se dê em investimentos de risco. A decisão pela melhor composição, porém, é colegiada com a organização contratante, e em algumas organizações o empregado participa na definição do mix de percentuais a ser utilizado na distribuição das aplicações de suas reservas.

Quanto aos percentuais de contribuição mensal dos empregados, eles variam de 2% até 10% do salário mensal. A organização participa como contrapartida, na maioria da vezes com o mesmo índice escolhido pelo empregado. Em algumas organizações, são praticados percentuais que podem chegar ao dobro daqueles com que participam os empregados. Essas ações encontram-se muito localizadas nos níveis gerenciais e de diretoria, compondo assim uma remuneração total anual agressiva. Algumas organizações utilizam a mesma estratégia para empregados com potencial de desenvolvimento ou com conhecimentos técnicos de alta complexidade, definindo o que podemos considerar uma ação estruturada da organização para retenção de talentos e conhecimentos.

Com exceção do plano VGBL, os demais planos possuem incentivo fiscal, e as contribuições anuais podem chegar a uma dedução de até 12% sobre os ganhos anuais dos empregados.

Não abordaremos aqui as regras quanto a saques antecipados, *vesting*, ou mesmo contribuições voluntárias dos empregados, dada a grande variedade de práticas e definições de regras encontradas no mercado.

Seguro de vida

Grandes e médias organizações do mercado de trabalho oferecem seguro de vida em grupo aos seus empregados, o que indica ser esse um dos benefícios mais praticados no mercado. Sua abrangência, na maioria das organizações, atinge todos os níveis da pirâmide organizacional.

Grande parte dos modelos de planos praticados no mercado tem como referência o salário do segurado para o pagamento do sinistro. O tipo de sinistro poderá influenciar o número de salários a ser recebido pelo segurado ou por seus dependentes, por exemplo: morte natural, morte acidental, morte por acidente de trabalho e invalidez permanente. É inexpressivo o percentual de empresas em que o empregado participa no custo mensal. Por outro lado, isso indica uma oferta integralmente patrocinada pela organização, em muitos casos com o objetivo de resguardar algumas de suas obrigações legais de ordem cível ou trabalhista.

Nessas apólices de seguros é usual encontrarmos, adicionalmente, outro benefício: o auxílio-funeral, que é de total responsabilidade da prestadora/seguradora e engloba os serviços operacionais e burocráticos necessários a um sepultamento, além do patrocínio das despesas envolvidas.

Este capítulo assinalou a diversidade de programas de benefícios oferecidos pelas empresas a seus empregados, inclusive os programas denominados flexíveis. Foi enfatizada, também, a crescente participação da remuneração indireta na composição da remuneração total.

O próximo capítulo aborda a flexibilização da remuneração, ao atrelar a recompensa financeira ao desempenho.

4

Remuneração variável

Na atualidade, a remuneração variável assume um papel relevante na composição da remuneração total. Essa parcela da remuneração vem ganhando importância, no atual contexto de negócios, pela possibilidade efetiva de sua aplicação contribuir para a redução dos custos fixos organizacionais e possibilitar, desse modo, o alcance e a superação de desafios que se apresentam constantemente para as organizações, equipes e indivíduos. Um dos objetivos centrais deste capítulo é justamente auxiliar o leitor a entender o crescente uso dessa forma de recompensa financeira, bem como conhecer quais as formas mais comuns de remuneração variável e os desafios enfrentados pelas organizações para sua implementação eficaz.

Remuneração variável no contexto atual

Em um ambiente de negócios marcado pela concorrência acirrada, ter custos competitivos é condição necessária à sobrevivência organizacional. Essa é uma das razões que explicam a consolidação da remuneração variável como uma estratégia efetiva na modelagem das arquiteturas de sistemas de remuneração do presente século. Seu principal papel é associar a remuneração percebida ao desempenho de excelência.

Essa lógica não é nova. Há muito tempo já é observada pelas empresas. As comissões por vendas e os prêmios por produção são exemplos clássicos dessa forma de recompensa financeira. A novidade reside na intensidade e na extensão de seu uso, como assinala Paschoal (2006:182):

> o conceito [RV] vem sendo estendido a outros segmentos dentro das empresas como forma de converter custos fixos em custos variáveis, muito mais interessantes para a gestão econômico-financeira das empresas. Por força de lei, os salários não podem ter seu valor reduzido, e muitas empresas que elevaram muito os salários para atrair profissionais acabaram arcando com um enorme problema quando suas folhas de pagamento deixaram de ser sustentáveis.

Além disso, a remuneração variável tem se mostrado uma modelagem de recompensas financeiras que favorece com eficácia a aproximação dos interesses corporativos aos do corpo funcional, como pode ser percebido pela análise do discurso gerencial ao enfatizar a importância da consecução de objetivos corporativos por meio do incentivo ao alcance e superação das metas dos subordinados. Esse tem sido o mantra gerencial ao enaltecer a conciliação dos interesses, na medida em que esse fato garante lucros e remuneração maiores.

Variáveis impactantes na composição da remuneração variável

A remuneração variável se revela como uma modelagem de recompensas financeiras eficaz no atual contexto de negócios.

Por um lado, a empresa, por meio do corpo gerencial, enfatiza a necessidade de resultados excelentes. Por outro, cada vez mais, os empregados incorporam a ideia de que os resultados corporativos dependem, em última instância, de seus próprios resultados. Assim, a remuneração variável tem uma função catalisadora, contribuindo para a harmonização entre os interesses corporativos e os dos empregados. A remuneração variável retrata, portanto, o valor do trabalho de cada empregado para o negócio.

Nessa linha de raciocínio, a remuneração variável reflete a orientação do *core business* da empresa, devendo estar alinhada à estratégia corporativa por meio de indicadores de resultados. Por essa perspectiva, cabe assinalar as variáveis que afetam a composição dessa parcela da remuneração, sintetizadas na figura 6.

Figura 6
VARIÁVEIS QUE AFETAM A COMPOSIÇÃO DA REMUNERAÇÃO VARIÁVEL

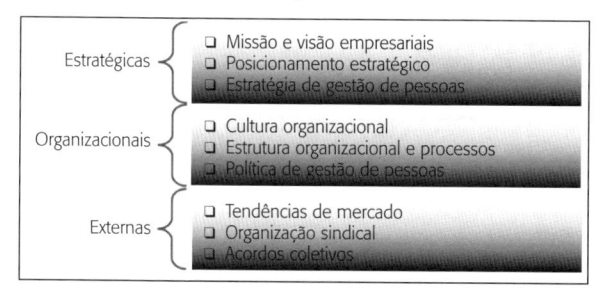

Estratégicas	❏ Missão e visão empresariais ❏ Posicionamento estratégico ❏ Estratégia de gestão de pessoas
Organizacionais	❏ Cultura organizacional ❏ Estrutura organizacional e processos ❏ Política de gestão de pessoas
Externas	❏ Tendências de mercado ❏ Organização sindical ❏ Acordos coletivos

Como podemos notar, a organização que optar pela incorporação da remuneração variável como uma parcela de sua remuneração total deverá observar atentamente o contexto em que atua, para estabelecer com eficácia os objetivos a serem alcançados com essa forma de recompensa financeira.

Esse é o pensamento de Xavier, Silva e Nokahara (1999), ao enunciarem os objetivos mais citados pelas empresas que praticam a remuneração variável. Os autores dividem os objetivos em dois blocos: objetivos genéricos e objetivos específicos.

Os objetivos genéricos assinalados são apresentados na figura 7.

Figura 7
OBJETIVOS GENÉRICOS DA REMUNERAÇÃO VARIÁVEL

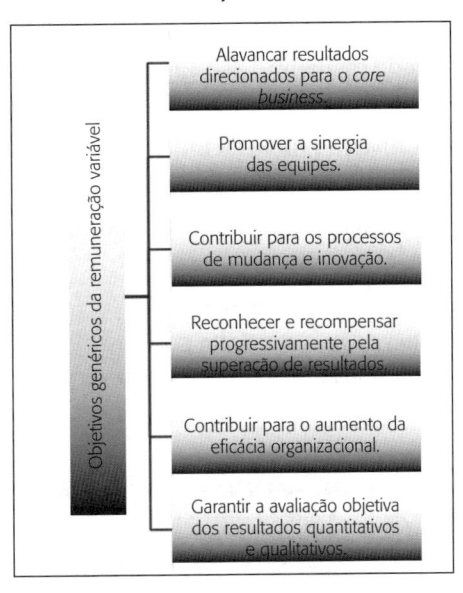

Objetivos genéricos da remuneração variável:
- Alavancar resultados direcionados para o *core business*.
- Promover a sinergia das equipes.
- Contribuir para os processos de mudança e inovação.
- Reconhecer e recompensar progressivamente pela superação de resultados.
- Contribuir para o aumento da eficácia organizacional.
- Garantir a avaliação objetiva dos resultados quantitativos e qualitativos.

No que diz respeito aos objetivos específicos, eles se dividem em cinco tipos, segundo sua natureza: estratégicos, gestão, operacional/financeiro, desenvolvimento/inovação e legal. Selecionamos alguns desses objetivos, a título de ilustração. Veja na figura 8.

Uma vez mapeado o contexto e definidos os objetivos, as decisões empresariais recaem sobre as características e o funcionamento do sistema de remuneração variável. Essas decisões, como assinalado por Souza e colaboradores (2006:101), podem ser agrupadas em três categorias: tipo de desempenho que se busca recompensar, como será feita a avaliação do desempenho e como será recompensado financeiramente. Observe a figura 9.

Figura 8

EXEMPLOS DE OBJETIVOS ESPECÍFICOS DA REMUNERAÇÃO VARIÁVEL

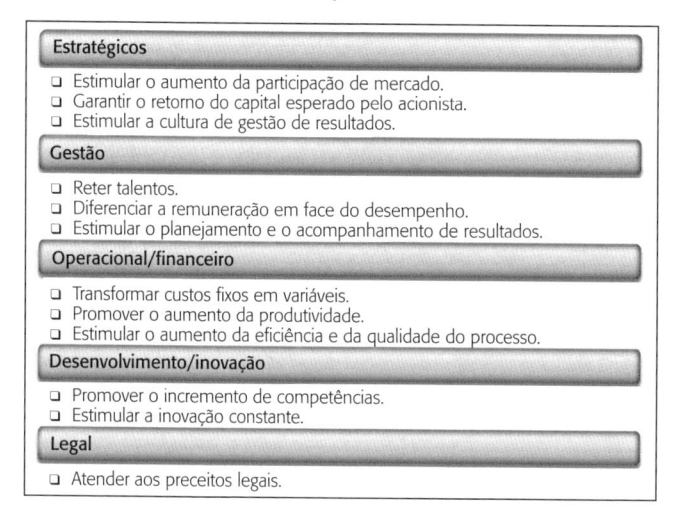

Estratégicos
- Estimular o aumento da participação de mercado.
- Garantir o retorno do capital esperado pelo acionista.
- Estimular a cultura de gestão de resultados.

Gestão
- Reter talentos.
- Diferenciar a remuneração em face do desempenho.
- Estimular o planejamento e o acompanhamento de resultados.

Operacional/financeiro
- Transformar custos fixos em variáveis.
- Promover o aumento da produtividade.
- Estimular o aumento da eficiência e da qualidade do processo.

Desenvolvimento/inovação
- Promover o incremento de competências.
- Estimular a inovação constante.

Legal
- Atender aos preceitos legais.

Nesse momento, faz-se necessária uma reflexão sobre os postos-chave do sistema de remuneração variável.

Como vimos enfatizando, a remuneração variável é o complemento, a ligação direta e efetiva entre a função exercida, o mercado e a realidade, permitindo que a contrapartida dessa relação produtiva se mostre viva, dinâmica, capaz de responder aos estímulos e provocações que o mercado, a realidade profissional e a própria organização geram em sua equipe de colaboradores.

Assim, a decisão sobre "o que deve ser recompensado" é o motor da arquitetura do sistema. A resposta à questão pode ser observada por meio de três perspectivas: abrangência, natureza e tempo.

Figura 9
DIRECIONAMENTO DO PROJETO DE REMUNERAÇÃO VARIÁVEL

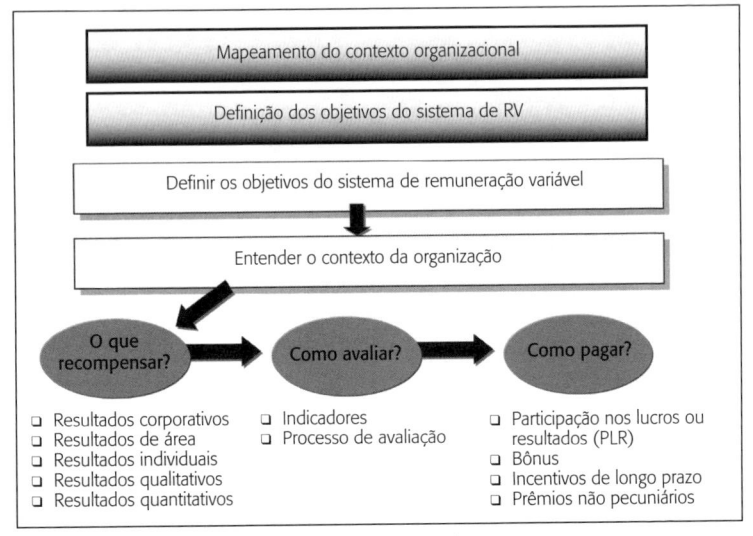

```
┌─────────────────────────────────────────────────────────────┐
│           Mapeamento do contexto organizacional              │
│                                                              │
│           Definição dos objetivos do sistema de RV           │
│                                                              │
│   ┌─────────────────────────────────────────────────┐       │
│   │ Definir os objetivos do sistema de remuneração   │       │
│   │                    variável                      │       │
│   └─────────────────────────────────────────────────┘       │
│                         ▼                                    │
│   ┌─────────────────────────────────────────────────┐       │
│   │         Entender o contexto da organização       │       │
│   └─────────────────────────────────────────────────┘       │
│                                                              │
│   ( O que    ) →  ( Como avaliar? ) →  ( Como pagar? )      │
│   (recompensar?)                                             │
│                                                              │
│  ❑ Resultados corporativos  ❑ Indicadores   ❑ Participação nos lucros ou │
│  ❑ Resultados de área       ❑ Processo de     resultados (PLR)          │
│  ❑ Resultados individuais     avaliação     ❑ Bônus                     │
│  ❑ Resultados qualitativos                  ❑ Incentivos de longo prazo │
│  ❑ Resultados quantitativos                 ❑ Prêmios não pecuniários   │
└─────────────────────────────────────────────────────────────┘
```

Fonte: adaptado de Souza e colaboradores (2006:102).

A perspectiva abrangência focaliza o nível de resultados. Podemos visualizar três níveis de resultados produzidos nas organizações: corporativos, de equipes e individuais. Dependendo dos objetivos organizacionais, serão selecionados aspectos mais ou menos abrangentes, que influenciarão na definição dos indicadores que nortearão a apuração dos resultados. Exemplificando: se o objetivo for o aumento de lucratividade, a remuneração variável naturalmente será balizada por indicadores estratégicos que envolvam diversas unidades e equipes. Por sua vez, se o objetivo enfocar o crescimento de receitas, provavelmente será utilizado um conjunto de indicadores para que seja possível mensurar e recompensar ações das áreas comerciais.

A perspectiva da natureza categoriza os resultados em dois grupos: quantitativos e qualitativos. Apresentamos, a título de ilustração, alguns exemplos:

a) quantitativos:
- custos fixos;
- índice de inadimplência;
- número de visitas;
- índice de fidelização de clientes;

b) qualitativos:
- índice de satisfação do cliente;
- índice de conservação do patrimônio.

A perspectiva do tempo classifica em três categorias os resultados: curto, médio e longo prazos. Essa perspectiva muitas vezes define o sistema de remuneração variável a ser utilizado. Vejamos, em primeiro lugar, a título de ilustração, dois incentivos de curto prazo. O primeiro exemplo é de bônus/prêmios. A empresa estabelece o pagamento de bonificação, em dinheiro, àqueles que contribuírem efetivamente para o desempenho da empresa. O segundo exemplo segue a mesma lógica dos bônus, porém sua prática é produto da Lei nº 10.101 de 19 de dezembro de 2000, ou seja, a participação nos lucros ou resultados.

O quadro 8 apresenta, de forma sumária, as principais diferenças entre os dois modelos.

Quadro 8
COMPARAÇÃO BÔNUS/PRÊMIOS *versus* PLR

	Bônus/prêmios	Participação nos lucros ou resultados (PLR)
Colaboradores abrangidos	Uma parte	Todos
Periodicidade de pagamento	Sem restrições	Anual ou semestral
Valores pagos	Em geral, elevados	Em geral, modestos
Relação com a remuneração	Complementa a remuneração	Não complementa a remuneração
Encargos trabalhistas	Há incidência	Não há incidência

Fonte: adaptado de Paschoal (2006:184).

Vejamos, agora, um exemplo de incentivo de longo prazo. Trata-se do programa de participação acionária, também conhecido como *stock options*. Esse programa dá ao empregado o direito de aquisição de um lote de ações da empresa por um preço determinado (subsidiado). O direito de aquisição deve ser exercido num prazo previamente estabelecido.

Como podemos observar, a remuneração variável é um sistema de remuneração do resultado cuja premissa central é a recompensa financeira pelo alcance/superação dos objetivos/metas. Assim, o desempenho, produto da ação individual nos resultados da organização, é monitorado de forma a gerar valor para a riqueza organizacional.

Vantagens da remuneração variável

Existem, segundo Paschoal (2006:192), vantagens efetivas que são perceptíveis nos processos de gestão da remuneração baseada no resultado. São elas:

- contribui para melhorar o desempenho das áreas-chave da empresa;
- vincula a remuneração ao sucesso do negócio;
- melhora o desempenho dos profissionais e das equipes;
- leva à sintonia dos colaboradores com os objetivos da empresa;
- desenvolve cultura de comprometimento e engajamento nos objetivos de longo prazo;
- incorpora atitudes, como iniciativa, inovação e foco em resultados;
- ativa a atenção às oportunidades, objetivando a melhoria do desempenho individual das unidades e do negócio.

A observação dessas variáveis cria condições que contribuem para a efetividade dos programas de remuneração variável, na medida em que induz e provoca o comprometimento dos profissionais com os objetivos empresariais.

Vale ressaltar que as políticas de remuneração variável sempre foram observadas no segmento comercial, no qual, por questões estruturais e logísticas, o desempenho remunerado por produção e produtividade se torna um processo marcado pela simbiose. Tadeu (2011) destaca que a ideia de remunerar ou de estimular as vendas por elementos financeiros e variáveis é tão antiga quanto encantadora. E acrescenta que, embora não existam evidências nesse sentido, pode-se inferir que a remuneração variável surgiu com a atividade comercial, uma vez que os olhos do patrão ou do dono não podiam monitorar os trabalhos daqueles que se encontram fora do ambiente organizacional, a não ser pelos resultados gerados por esse trabalho, independentemente do tempo efetivamente dedicado aos negócios.

Outro ponto a ser considerado, segundo Nascimento e Carvalho (2012), encontra-se no fato de que o profissional se torna corresponsável pela estruturação e consolidação de sua remuneração, na medida em que sua atuação e atitudes interferem diretamente nos resultados. Assim, a remuneração variável implica uma abordagem macro, que viabilize a realização de mudanças que contribuam para o alcance de resultados e lucros a partir de ações orientadas para a redução de custos, o aumento do nível de qualidade, de produtividade e de motivação dos empregados, bem como para a redução de preço ao cliente, entre outros pontos relevantes para a consecução e manutenção da vantagem competitiva empresarial.

Considerando que a remuneração estratégica será o alvo do próximo capítulo, faz-se necessária, aqui, uma reflexão rápida sobre as diferenças entre remuneração estratégica e remuneração variável.

A remuneração estratégica é o arcabouço, a estrutura dos componentes de reciprocidade que uma organização produtiva estabelece na contrapartida dos níveis de colaboração de seu quadro funcional. A remuneração variável é o complemento, como já assinalamos, a ligação direta e efetiva entre a função exercida, o mercado e a realidade, permitindo que a contrapartida dessa relação produtiva se mostre viva, dinâmica, capaz de responder aos estímulos e provocações que o mercado, a realidade profissional e a própria organização geram em sua equipe de colaboradores.

Dutra e Hipólito (2012), ao analisar essa questão, enfatizam que é necessário identificar os fatores que demandam uma remuneração mais viva, mais dinâmica, que objetivam responder efetivamente aos movimentos provocadores do atual cenário competitivo, com maior eficiência (uso adequado de seus recursos, sistemas e processos) e com mais consistente eficácia (consecução de resultados). Os autores destacam quatro pontos:

- abertura do mercado – crescimento do risco e da vulnerabilidade nos negócios em função de um ambiente cada vez mais turbulento e globalizado. Por consequência, a consecução de resultados passou a ser uma imposição à sobrevivência das organizações;
- aumento da complexidade do ambiente organizacional – a necessidade de respostas oportunas e rápidas às ameaças e às oportunidades que emergem do ambiente caracterizado por mudanças constantes, aceleradas e imprevisíveis. Nesse contexto, o reconhecimento de resultados diferenciados passa a ser um caminho para a retenção de talento;
- fragilidade do modelo tradicional de gestão de pessoas – a contribuição do trabalhador, nesse modelo, era mensurada pelo conjunto de atividades inerentes ao cargo ocupado. Nos dias de hoje, a necessidade de respostas tempestivas obriga as

organizações a desenvolverem mecanismos que possibilitem a proatividade dos empregados. Nesse sentido, as exaustivas descrições de cargos deixam de ser efetivas;
❑ melhoria nos processos, sistemas de informação e mecanismos de controle organizacional – os avanços, oriundos, em parte dos movimentos de gestão pela qualidade, associados à revolução tecnológica, viabilizaram a criação de alicerces capazes de possibilitar o reconhecimento efetivo do desempenho excelente.

Operacionalização da remuneração variável: fundamentos

Observamos que a adoção de um sistema de remuneração variável requer, para aumento da credibilidade como política interna de reciprocidade das ações produtivas dos empregados, um mecanismo ou um instrumento capaz de mensurar, de forma inequívoca, como os determinantes da remuneração foram obtidos.

No que se refere à participação nos resultados, uma relação de índices de mensuração, aos quais a empresa atribui pesos considerando sua relevância no alcance dos resultados – o que significará meta para seus empregados –, permite a redução da subjetividade, quando não sua eliminação, na apuração desses resultados. Veja o quadro 9.

Quadro 9
EXEMPLOS DE INDICADORES DE DESEMPENHO USUAIS
VINCULADOS À PARTICIPAÇÃO NOS RESULTADOS

Indicadores de desempenho	Ponderação
Custos da não qualidade	
Ganho por ação	
Índice de retrabalho	

Continua

Indicadores de desempenho	Ponderação
Lucratividade	
Lucro líquido sem imposto de renda	
Lucro operacional líquido	
Lucro por cliente	
Margem bruta de rentabilidade	
Padrões de qualidade	
Produção	
Produtividade no trabalho	
Taxa de falha dos serviços	

Fonte: Boston Consulting Group (2005).

A empresa tem total liberdade de incluir ou excluir indicadores, considerando sua realidade, sua estrutura produtiva e seus objetivos estratégicos.

Um ponto a ser considerado na determinação desses indicadores, que permitirão avaliar o nível de contribuição dos empregados, é a escolha de índices em relação aos quais os empregados possam agir com influência. Só assim esses indicadores funcionarão como alavancas para o alcance dos objetivos corporativos e individuais.

Não faz sentido, por exemplo, a empresa, por motivos políticos ou estratégicos, tomar decisões à revelia de seu quadro funcional (por exemplo, redução dos índices de lucratividade, ou aumento ou redução das margens de rentabilidade de seus produtos). Dessa forma, em lugar de viabilizar o engajamento, o indicador poderá ser uma fonte de insatisfação, uma vez que pode ser uma fonte de sensação de injustiça na avaliação dos valores atribuídos aos empregados.

Apresentamos, no quadro 10, exemplos de indicadores de desempenho vinculados aos objetivos corporativos.

Quadro 10
EXEMPLOS DE INDICADORES DE DESEMPENHO USUAIS VINCULADOS AO DESEMPENHO ORGANIZACIONAL

Indicadores de desempenho	Ponderação
Comparações com concorrência	
Custo dos benefícios internos oferecidos aos empregados	
Desempenho dos fornecedores de insumos e serviços	
Despesas efetuadas por cliente	
Efetividade de projetos ambientais institucionais	
Eficácia de projetos comunitários	
Envolvimento com a comunidade	
Horas e custo de treinamento	
Imagem pública institucional	
Impacto dos treinamentos nos níveis de competência interna	
Índice comparativo entre reclamações e soluções de problemas	
Índice de rotatividade dos empregados	
Integração das equipes internas	
Lealdade dos clientes	
Nível de clientes inativos	
Qualidade dos canais de comunicação interna	
Quantidade de fornecedores	
Resposta aos programas internos de incentivo	
Resultados de pesquisas de satisfação	
Resultados dos programas ambientais	
Retornos sobre investimento	
Retornos sobre patrimônio	
Satisfação do cliente	
Satisfação dos empregados	
Serviço visto pelo cliente	
Sucateamento dos serviços prestados	

Fonte: Boston Consulting Group (2005).

Esses índices devem receber pesos, para que efetivamente mensurem seu impacto no desempenho da empresa.

A essa relação podem ser acrescidos outros índices, ou considerados somente os que possam ser alvo da ação direta ou indireta dos empregados.

Eis outra leitura dos fatores apresentados, que, associados ao desempenho por função e com impacto direto em resultados, podem ser associados e somados aos indicadores mencionados.

- função geral – indicadores de lucratividade, retorno sobre o capital investido, receita, rentabilidade, ações de gestão da marca e imagem, certificações ou prêmios corporativos;
- função comercial – volume de vendas, participação no mercado, mix de produtos, precisão da previsão de vendas, nível de atendimento de pedidos, satisfação dos clientes, captação de novos clientes;
- função logística – nível de atendimento dos pedidos, pontualidade na entrega, custos de distribuição, *lead time* de atendimento, giro do inventário, acurácia da informação de estoques;
- função produção – produtividade, rendimento de matérias-primas, nível de refugo, nível de reprocesso, nível de inventário em processo, nível de qualidade;
- função desenvolvimento – introdução de novos produtos, introdução de novos serviços, inovações em processos;
- função finanças – índice de clientes inadimplentes, índice de ganho financeiro, redução de erros, atendimento aos prazos, incremento do prazo de pagamento, redução do prazo de recebimento;
- função compras – custo e qualidade das matérias-primas, incremento do prazo de pagamento;
- outras – absenteísmo (faltas e atrasos), resultado de auditorias de segurança, resultado de auditorias de qualidade,

redução de custos fixos, redução de custos variáveis, índices de poluição, sanções disciplinares, cuidado com ferramentas e equipamentos, saúde ocupacional (exames periódicos), rotatividade, clima organizacional, atendimento aos prazos de recrutamento e seleção, comprometimento com os treinamentos, índice de rotatividade, programa 5S, organização e limpeza, índice de horas extras, implementação de programas e/ou sistemas de gestão etc.

Vale observar que, em determinadas situações, resultantes da realidade vivenciada pela empresa em face de seu segmento, esses índices podem abranger aspectos operacionais.

A título de ilustração, apresentamos, a seguir, desafios enfrentados pelas empresas do setor sucroenergético passíveis de serem transformados em metas. É oportuno comentarmos que a análise e a avaliação das mesmas subsidiarão o cálculo da remuneração variável, a partir da atribuição de pesos (ponderação) estabelecidos pela empresa (quadro 11).

Quadro 11
DESAFIOS ENFRENTADOS PELAS EMPRESAS, PASSÍVEIS DE SEREM TRANSFORMADOS EM METAS (SETOR SUCROENERGÉTICO)

Desafios tratos culturais – vinhaça
Implementar melhorias nos métodos de contratação de pessoal.
Manter os palanquinhos de aviso de canais.
Reduzir o tempo de pisoteio da cana.
Evitar escorrimento da vinhaça, após cultivo.
Manter os equipamentos em condições adequadas de utilização.
Cobrar topografia para marcar os locais de aplicação.
Manter o custo padrão.

Continua

Implantar programa de treinamento da força de trabalho utilizando instrutores internos.

Acompanhar o trabalho no campo.

Realizar as atividades demandadas, conforme os padrões estabelecidos pela empresa.

Dar suporte à oficina no tocante às atividades sob responsabilidade do setor elétrico.

Cultivo e adubação

Implantar programa de capacitação em adubação e herbicidas, destinado aos supervisores e encarregados.

Manter a eficiência dos tratores acima dos patamares estabelecidos pela empresa no que diz respeito ao cultivo em horas trabalhadas.

Aumentar a disponibilidade da máquina em x% em relação ao período vigente.

Manter o adubo desperdiçado e o arranquio de soqueira nos patamares definidos pela organização.

Posicionar o caminhão no campo, conforme os procedimentos definidos pela organização.

Efetuar cobrança de passagem e apontamento de cartões, segundo o previsto pelos procedimentos da organização.

Manter os veículos em perfeitas condições de funcionamento.

Implementar melhorias na gestão dos *bags* de adubo.

Manter atualizado o estoque físico e contábil de adubo.

Controlar a utilização de equipamento de proteção individual (EPI).

Manter diariamente a cobrança do *check list* dos equipamentos.

Cumprir o cronograma de manutenção preventiva de máquinas e equipamentos.

Aplicar dose recomendada de adubo de acordo com tabela de produtividade.

Prestar atendimento na oficina, nos fins de semana, no segundo e terceiro turnos.

Manter n tratores no cultivo com eficiência de x hectare/hora.

Aplicação de herbicida

Efetuar *check list* por turno de equipamento, observando os procedimentos estabelecidos pela organização.

Reduzir perdas relativas ao escorrimento no local de abastecimento dos equipamentos, conforme o previsto nos padrões da organização.

Aplicar o herbicida, no prazo estabelecido pela organização, após o término de safra.

Continua

Aplicar a bordadura dos terraços de todos os lotes, conforme os procedimentos definidos pela organização.
Efetuar controles necessários à manutenção do estoque mínimo no campo, segundo os padrões da organização.
Aplicar herbicidas considerando as condições climáticas ideais, no que diz respeito à velocidade do vento, umidade do ar e temperatura ambiental.
Confeccionar diariamente, segundo os padrões da organização, receitas agronômicas relativas aos segmentos: herbicida, aplicação aérea, nematicida, capina química, fungicida, maturadores.
Estruturar a montagem dos campos de matologia, avaliação e tabulação dos dados, segundo os padrões da organização.
Controle de insumos
Manter estoque mínimo dos produtos agrícolas (herbicidas, produtos químicos, adubo, calcário, gesso), observando os padrões da organização.
Reduzir em x% os conflitos decorrentes de ruídos da comunicação entre encarregados de setor por ocasião das trocas de turno.
Manter o padrão exigido pela organização na gestão das embalagens vazias.
Reduzir em x% os problemas decorrentes da saída de caminhão sem nota fiscal.
Reduzir em x% os problemas vinculados à saída e estorno de insumos.
Manter o custo padrão da cana planta em x reais e cana soca em y reais.

Esses desafios a serem vencidos pelas equipes de trabalho, se adequadamente transformados em metas, que, além de específicas, contenham indicadores mensuráveis, se constituem em um instrumento interno de gestão do desempenho baseado no modelo de contrato de desempenho, elaborado por Schein (1999).

Tais desafios geram (por aplicação de números específicos) metas, que devem ser atingidas dentro de um espaço de tempo (ciclos trimestrais) e que permitem avaliar o desempenho dos empregados, bem como designar, por meio dos pesos atribuídos a cada uma das metas significativas, o percentual de remuneração variável a ser aplicado.

Uma reflexão a ser considerada na aplicação de mecanismos de remuneração variável é o fato de que, por sua configuração, a participação do empregado nos próprios níveis de remuneração é marcada pela qualidade de seu envolvimento e, por consequência, de seu comprometimento com o trabalho. Em decorrência, temos o resultado que alcança (fruto do impacto que provoca tanto com sua ação individual quanto como membro de um grupo produtivo do trabalho em equipe no qual está inserido).

Considerações complementares sobre remuneração variável

Uma leitura atenta sobre o tema remuneração variável nos leva a algumas reflexões que gostaríamos de compartilhar com você, leitor.

Em primeiro lugar, as formas de remuneração variável se diversificaram e, em função dos objetivos organizacionais, como assinalamos, ganharam nuanças que não estavam presentes nos primórdios da administração.

Em segundo lugar, o aumento da conscientização dos empregados criou um cenário que impôs às organizações uma postura mais proativa. Nesse contexto, as políticas de remuneração variável representam uma estratégia eficaz para o atendimento das novas demandas do corpo funcional.

Em terceiro lugar, os aumentos salariais dos empregados têm se justificado por outras razões além do bom desempenho, passando a refletir a valorização de suas competências e sua capacidade de gerar valor para a organização.

Nesse sentido, o gerenciamento do desempenho humano tem ocupado um papel central nos sistemas de remuneração focados no resultado.

O quarto ponto está associado à decisão do que deve ser alvo de recompensas financeiras. Como assinalado, essa decisão deriva do mapeamento do contexto organizacional e da definição dos objetivos do sistema de remuneração variável.

Finalmente, a implantação de programas remuneração variável deve levar em conta os fatores críticos. Destacamos alguns, assinalados por Paschoal (2006:193), que nos parecem mais relevantes:

- comunicação ampla, clara e objetiva;
- simplicidade e clareza de critérios e procedimentos;
- transparência e cuidado total com a credibilidade interna;
- participação e engajamento, comprometimento e dedicação;
- cultura mínima de trabalhar seriamente com metas;
- um mínimo de definição estratégica para os negócios;
- convicção e firmeza da direção em relação ao programa;
- estrutura organizacional e processos depurados;
- remuneração básica coerente;
- flexibilidade para mudanças;
- pronta implementação dos ajustes que se mostrarem necessários;
- percepção clara de justiça na premiação.

Pelo exposto neste capítulo, devemos compreender que a remuneração variável não deve ser entendida como uma fórmula mágica concebida para solucionar todos os problemas relacionados a baixo desempenho.

O sucesso de sua aplicação está diretamente vinculado à capacidade de geração de estímulos aos empregados que viabilizem o alcance/superação dos resultados acordados.

O capítulo seguinte tem como tema a remuneração estratégica. O ponto focal do capítulo é enfatizar que a arquitetura dos sistemas de remuneração deve favorecer o aperfeiçoamento das organizações por meio de um mix de recompensas financeiras capazes de impulsionar o processo de melhoria contínua.

5

Remuneração estratégica

Como assinalado nos capítulos anteriores, a arquitetura dos sistemas de remuneração é produto da ambiência e dos objetivos organizacionais.

Modelar o sistema mais adequado a uma organização é uma tarefa complexa. Como vimos, o conhecimento técnico é uma condição necessária, porém não suficiente para que a arquitetura remuneratória atenda a seus objetivos de forma efetiva. A questão central colocada àqueles que trabalham com a arquitetura das recompensas financeiras é a escolha de um sistema de remuneração que contribua para a melhoria contínua da organização, favorecendo a consecução de seus objetivos e a manutenção de sua vantagem competitiva.

Nesse sentido, este capítulo tem como foco a análise da remuneração estratégica como uma resposta organizacional à lógica da consecução de resultados planejados por meio do esforço compartilhado, alinhado e comprometido do elemento humano.

O sistema organizacional versus a arquitetura de sistemas de remuneração

Em face do contexto de mudanças verificado nas últimas décadas, as formas de recompensas financeiras sofreram transformações. Ao analisarmos essas transformações, duas modelagens são observadas: a modelagem tradicional e a modelagem estratégica.

A modelagem tradicional tem como foco o cargo. Essa forma de arquitetura dos sistemas de remuneração se baseia na concepção mecanicista da organização.

A estratégica, por sua vez, se caracteriza pela opção por um modelo mais flexível, capaz de atender de maneira tempestiva às demandas ambientais.

Para facilitar o entendimento das lógicas que permeiam cada modelagem, optamos por resgatar duas metáforas apresentadas por Morgan (1999:24). O autor, na primeira metáfora, associa as organizações a uma máquina:

> As organizações planejadas e operadas como se fossem máquinas são comumente chamadas de burocracias. Mas a maioria das organizações é, até certo ponto, burocratizada devido à maneira mecanicista de pensamento que delineou os mais fundamentais conceitos de tudo aquilo que sejam organizações. Por exemplo, quando se fala em organização, habitualmente se pensa num estado de relações ordenadas entre partes claramente definidas que possuem alguma ordem determinada. Embora a imagem possa não ser explícita, fala-se de um conjunto de relações mecânicas. Fala-se de organizações como se fossem máquinas, e, consequentemente, existe uma tendência em esperar que operem como máquinas: de maneira rotinizada, eficiente, confiável e previsível.

A segunda metáfora associa a organização ao funcionamento do cérebro:

> O cérebro oferece uma metáfora óbvia para a organização, particularmente se a preocupação é melhorar a capacidade de inteligência organizacional. Muitos administradores e teóricos organizacionais apenas tocam superficialmente nesse ponto, limitando a sua atenção à ideia de que a organização necessita de um cérebro ou uma função semelhante à de um cérebro – por exemplo, sob a forma de grupos de planejamento corporativo, grupos de reflexão ou unidades de pesquisa centralizada e tomada de decisão que sejam capazes de pensar para o resto da organização, controlar e integrar, sobretudo, a atividade organizacional. Muito da literatura sobre planejamento corporativo e formulação estratégica usa a metáfora do cérebro nesse sentido, concebendo o processo de administração estratégica e controle como equivalente ao cérebro e ao sistema nervoso do organismo. Em contraste, é muito menos comum pensar sobre organizações como se elas fossem cérebros e ver se é possível criar novas formas de organização que difundam capacidades semelhantes às do cérebro por toda a empresa, em lugar de somente confiná-las a unidades especiais ou partes.

A modelagem estratégica da remuneração, segundo Souza (2011), é norteada pela segunda metáfora. A consecução da vantagem competitiva concebe o aumento da produtividade organizacional por meio de cada elemento humano. Apoiado nessa concepção, gradativamente o modelo de gestão da remuneração abandona a gestão pelo cargo, baseada não na pessoa e sim na tarefa. A gestão por competências e resultados assume seu lugar, apregoando que, para alcançar os resultados, o elemento humano necessita apresentar e fazer uso adequado de seu conhecimento, de suas habilidades e atitudes. Essa predisposição só se concretizará se houver efetivo envolvimento do empregado com os objetivos organizacionais.

Kaplan e Norton (1997) são representantes desse pensamento. Os autores veem os funcionários como elementos-chave do modelo de gestão baseada em valor. Enfatizam que as oportunidades para a criação de valor estão migrando da gestão de ativos tangíveis para a gestão de estratégias baseadas no conhecimento, que exploram os ativos intangíveis da organização (relacionamentos com clientes, produtos e serviços inovadores, tecnologia de informação e banco de dados, além de capacidades, habilidades e motivação dos empregados).

Essa afirmação atesta que não há como negar as profundas mudanças ocorridas nas duas últimas décadas no mundo das corporações. Entre elas, a transformação do papel dos empregados. A literatura de negócios do século XXI enfatiza, sistematicamente, que a diferença fundamental entre o pensamento gerencial da era industrial e o da era da informação é o relevante papel atribuído aos empregados na geração de valor para as empresas.

Convém ratificar que, no mundo dos negócios do século XXI, os conceitos de vantagem competitiva e geração de valor estão intimamente relacionados. Kaplan e Norton (1997) afirmam que, na atualidade, o sucesso das empresas depende diretamente do investimento e do gerenciamento de seus ativos intelectuais. Para isso, os autores propõem o uso do *balanced scorecard* (BSC) como um instrumento gerencial que integra as medidas derivadas da estratégia. O BSC incorpora às medidas financeiras do desempenho passado os vetores de desempenho financeiro futuro. Esses vetores abrangem as perspectivas do cliente, dos processos internos e do aprendizado e do crescimento. Assim, segundo os autores, o poder do BSC reside em oferecer um mecanismo valioso para a tradução da estratégia em objetivos, medidas e metas específicas, e para a monitoração da implementação dessa estratégia a partir daí.

Kaplan e Norton enfatizam que as empresas que quiserem crescer além dos níveis atuais de desempenho financeiro precisam melhorar processos internos e desempenho junto aos clientes. Esses resultados têm origem nos empregados da linha de frente, pois são os que estão mais próximos dos clientes. Assim, as organizações necessitam manter funcionários engajados e mobilizados no sentido dos objetivos organizacionais. A mobilização e o engajamento são medidos pela retenção e pela produtividade dos empregados, que, por sua vez, dependem da satisfação desses empregados com as formas de reconhecimento proporcionadas pelas organizações.

Vale enfatizar que uma dessas formas é a recompensa financeira, base das arquiteturas dos sistemas de remuneração.

Nessa linha de pensamento, um número expressivo de autores contemporâneos, sendo exemplo Kaplan e Norton (1997), defende que empregados satisfeitos se constituem em uma condição necessária para o aumento da produtividade, da capacidade de resposta, da qualidade e melhoria das entregas (produtos e serviços) aos clientes.

A produtividade dos empregados, ainda segundo esses autores, denota o resultado do impacto agregado pela elevação do nível de habilidade e do moral dos funcionários, medido pela inovação, pela melhoria dos processos internos e pelo grau de satisfação dos clientes.

A lógica predominante no mundo dos negócios contemporâneo deriva do conceito de valor, originário na tradição da economia política do século XVIII e diretamente relacionado ao trabalho. Abordagens gerenciais contemporâneas retomam a tradição clássica, quando as empresas estabelecem sistemas de remuneração variável. Os ganhos monetários ficam atrelados aos resultados empresariais, sendo bonificados apenas os empregados que apresentarem desempenhos acima de patamares clássicos.

É essa concepção que está na base dos sistemas de remuneração variável, exposta no capítulo anterior, que enfatizam que capital e trabalho não são atores com objetivos antagônicos e que o trabalhador é o elemento-chave no processo de geração de valor.

O elemento humano deixa, portanto, de ser visto como mão de obra e passa a ser concebido como capital humano, ou seja, um elemento capaz de criar, inovar, e que, por meio de um trabalho criativo, adiciona valor à empresa. A remuneração, nesse contexto, assume um papel especial. Sua missão é garantir o alinhamento das ações do elemento humano aos objetivos empresariais, por meio do engajamento do corpo funcional. Nesse sentido, a remuneração variável passa a ocupar um papel de extrema relevância na composição da remuneração total, funcionando como uma âncora que vincula parceria, ganhos mútuos, reconhecimento e o engajamento do empregado.

O fato é que as arquiteturas dos sistemas de remuneração vêm sendo utilizadas como uma estratégia empresarial capaz de viabilizar a conciliação entre interesses empresariais e individuais. Essa estratégia incorpora, vale ratificar, um conjunto de possibilidades de recompensar financeiramente o trabalho de excelência, indo muito além do pagamento pelo conjunto de tarefas atribuídas ao empregado. Além da remuneração pelo cargo, busca-se desenvolver uma composição de formas de remuneração que garanta o perfeito equilíbrio entre a capacidade de atração e retenção de bons profissionais e caiba nos custos de fazer negócios.

A lógica da transformação de despesa em investimento

A publicação *The new pay: linking employee and organizational performance*, uma "bíblia" que incentiva a utilização de arquiteturas de sistemas de remuneração baseados em desempenho/resultados, demonstra aos interessados como transformar despesas em investimentos.

Nessa linha de pensamento, segundo Lins e Wood Jr. (1995:23):

> Na medida em que o sistema de remuneração é alinhado ao contexto e à estratégia da organização, constitui um componente de motivação e harmonização de interesses, contribuindo para a construção de valores compartilhados e ajudando a gerar visões comuns.

É possível perceber com nitidez as duas faces das mudanças nas arquiteturas dos sistemas de remuneração: uma transforma uma parcela da remuneração em custo variável; a outra estimula o comprometimento dos empregados com as metas corporativas. Elas estão intimamente associadas e viabilizadas por meio da remuneração variável, estendida para além da área comercial, como observado no capítulo 4.

A nova lógica deixa claro que o empregado apenas fará jus à remuneração diferenciada se apresentar um desempenho acima de um padrão estabelecido pela empresa, ou seja, se superar a meta definida. Como geralmente o ganho pela superação da meta é significativo, o empregado se esforça para vencer esse desafio, comprometendo-se com o resultado esperado. O ganho dependerá, portanto, dos resultados operacional e financeiro. Se estes ocorrerem, o empregado ganha. Contudo, a ausência de resultados operacionais pode impedir o ganho financeiro, o que, por sua vez, impedirá a distribuição de ganhos ao empregado. Essas formas de recompensas financeiras incentivam o engajamento estimulado, expressão concebida por Coriat (1994:173) ao analisar o modelo de engajamento utilizado pelas empresas japonesas:

Mas se admitimos que, com base em dispositivos organizacionais ou institucionais, nada mais são do que as ferramentas das quais ele se serve, o método japonês vale acima de tudo na medida em que ele inaugura para a empresa a era da regulação pelo engajamento – os ganhos de produtividade suplementares obtidos servindo para abrir espaço das contrapartidas oferecidas aos assalariados a dimensões e objetos novos.

Considerando as diferenças culturais, há uma marca inegável nas práticas de arquitetar sistemas de remuneração assinalados pelo autor. Trata-se de práticas caracterizadas, principalmente, pelo alinhamento de resultados individuais e de equipes aos corporativos, e por formas de reconhecimento que premiam os empregados que contribuem para o aumento dos resultados.

É nesse contexto que se insere a lógica da visão baseada em recursos, ou simplesmente RBV (*resource based view*), que sustenta a modelagem contemporânea dos sistemas de remuneração. Ela surge como uma visão estratégica alternativa. Sua análise se baseia no ambiente interno da organização, contrapondo-se ao modelo de Porter (1989), cuja ênfase reside na identificação de oportunidades no mercado e na adaptação de seus recursos internos ou na aquisição externa de recursos para aproveitá-las.

A RBV considera que a empresa possui um conjunto de recursos internos, tangíveis e intangíveis, que devem ser configurados de modo a assegurar vantagens competitivas. Wernerfelt (1984:178) já dizia que "o crescimento ótimo das empresas envolve o equilíbrio entre explorar recursos existentes e desenvolver novos recursos". Para o autor, o objetivo de uma empresa é a obtenção e a organização de recursos que sejam superiores aos de seus concorrentes.

Por essa perspectiva, as empresas devem buscar aplicar seus recursos de forma mais eficiente que seus concorrentes, desenvolvendo estratégias capazes de explorar seus recursos internos e de criar oportunidades para melhor aproveitá-los. A arquitetura dos sistemas de remuneração tem como foco modelagens que possibilitem estimular o empregado a ser uma fonte de vantagem competitiva.

Nesse sentido, Becker, Huselid e Ulrich (2001) advogam a concepção do modelo denominado HPWS, sigla em inglês da expressão sistema de trabalho de alto desempenho (*high performance work system*).

Entre outros pontos, os autores enfatizam que o HPWS se viabiliza por meio de políticas gerenciais, referentes ao desempenho e à remuneração, capazes de atrair, reter e motivar empregados de alto desempenho (Becker, Huselid e Ulrich, 2001).

O HPWS é um modelo fundamentado nas tecnologias de gerenciamento por competências e desempenho, idealizado para criar condições favoráveis à execução das estratégias empresariais.

Brandão e Guimarães (2001:13) assinalam que:

> A necessidade de associar o desempenho ou as competências humanas ao desempenho da organização como um todo faz com que tanto a gestão de desempenho como a de competências estejam inseridas em um contexto de gestão estratégica de recursos humanos. Além disso, ambas as tecnologias podem empregar indicadores relacionados tanto a resultados do trabalho como ao comportamento ou processo utilizado para alcançá-lo.

Assim, para ser aplicado de forma pragmática, o conceito de competência necessita estar associado ao conceito de resultados. No jargão da literatura de gerenciamento de pessoas, competência é o insumo básico para a geração de resultados.

É nesse contexto que a remuneração passa a ser concebida como uma estratégia para o aumento de competitividade.

Remuneração estratégica: combinação de diferentes formas de remuneração

Como observam os trabalhos desenvolvidos pela equipe Coopers & Lybrand (1996), a remuneração estratégica é um vínculo com a nova realidade das organizações, apoiado em dois alicerces: na visão que a empresa delineia para seu futuro e na lógica de que a pessoa deva ser remunerada de acordo com um conjunto de fatores que afeta sua contribuição para o sucesso do negócio. Assim, além das características do cargo, a observação de outros fatores – como características pessoais e o vínculo com a organização – é de extrema relevância quando da arquitetura dos sistemas de remuneração.

Portanto, ao se projetar um sistema de remuneração, devem ser observados, além da ambiência, as competências, o desempenho e os resultados.

Mais uma vez, recorremos aos trabalhos da equipe Coopers & Lybrand (1996) para assinalar que o conceito remuneração estratégica encerra a combinação equilibrada de diferentes formas de remuneração. Assim, o sistema de recompensas financeiras inclui, além da remuneração baseada no cargo, o pacote de benefícios, recompensas relacionadas com o desempenho claramente excepcional, recompensas relacionadas com resultados de unidades de negócios ou mesmo resultados da corporação como um todo.

A figura 10 apresenta esse conceito de forma esquemática.

Observa-se, portanto, que existem inúmeras possibilidades de arquiteturas de sistemas de remuneração, cabendo à organização a escolha do mix mais adequado a sua necessidade ou a seus objetivos. Dito de outro modo, os sistemas de remuneração devem ser projetados de forma a alinhar seus componentes ao modelo de gestão da organização e à sua cultura, portanto, ao posicionamento estratégico adotado.

Figura 10
COMPONENTES DA REMUNERAÇÃO ESTRATÉGICA

- Remuneração por competência
- Remuneração indireta (benefícios)
- Remuneração tradicional
- Remuneração variável

OBJETIVANDO...

- Melhoria contínua da organização
- Engajamento dos empregados
- Consecução da vantagem competitiva

Analisemos dois tipos de organizações com características distintas: uma organização governamental e uma empresa privada do mercado de capitais.

Os empregos oferecidos pela primeira se concretizam por meio de aprovação em concurso público. Com efeito, para o corpo funcional, a possibilidade de uma trajetória de carreira, sem mudança de empresa é uma realidade. Assim, pode-se pensar no estatuto do emprego para toda a vida, em estabilidade.

Entretanto, se a escolha recai no segundo tipo de organização, a carreira dos profissionais que optam por esse tipo de emprego tem como foco não a estabilidade; antes, sua trajetória profissional, na maioria das vezes, envolve a passagem por vários empregadores na busca da consecução de seus objetivos profissionais no prazo desejado.

Com efeito, as organizações são escolhidas pelos indivíduos em função de motivações e prioridades distintas. Nesse sentido, vale ressaltar que a arquitetura dos sistemas de remuneração necessita, também, guardar uma estreita relação entre os interesses do corpo funcional e os objetivos organizacionais, uma vez que, no atual contexto corporativo, o resultado – quer de instituição pública, quer da empresa privada – só será alcançado por meio de uma força de trabalho motivada e engajada.

O desafio, portanto, reside em arquitetar sistemas de remuneração que assegurem o atendimento desses interesses. Por outro lado, como cada organização é única, faz-se necessário, como já enfatizado, projetar sistemas de recompensas financeiras alinhados às suas peculiaridades e a seus objetivos.

Vamos apresentar, a seguir, dois exemplos: um relacionado aos programas de benefícios e outro referente à gestão da carreira.

Em primeiro lugar, vale assinalar que organizações com características mais "apolíneas" demandam arquiteturas de sistemas de remuneração distintas de empresas "Palas Athena". Vamos ilustrar, a seguir, esse fato por meio da análise de algumas categorias componentes dos programas de benefícios.

Antes, porém, vale ressaltar, os programas de benefícios necessitam de uma modelagem alinhada a práticas que contribuam para a atração e a retenção de colaboradores necessários à excelência organizacional, sem, contudo, tornar os custos organizacionais proibitivos. Isso só se viabiliza quando o programa de benefícios é delineado sob medida para a organização.

Assim, a concepção do programa deve guardar sintonia com a cultura de trabalho da organização. Caso contrário, seu objetivo, ou seja, garantir uma posição competitiva favorável por meio da satisfação dos colaboradores, não se concretizará. É essa a linha de pensamento de Flannery e colaboradores (1997:171), que, de forma concisa, porém muito clara, apresentam como a oferta de benefícios varia de uma cultura de trabalho para outra.

O quadro 12, adaptado da obra citada, esquematiza a argumentação aqui apresentada.

Quadro 12
CULTURA ORGANIZACIONAL E PROJETOS DE PROGRAMAS DE BENEFÍCIOS

Tipos de benefícios	Apolo	Palas Athena
Aposentadoria	Baseada em carreira. Relacionada a tempo de serviço.	Ênfase em lucros, portabilidade.
Assistência à saúde	Uniforme, com pouca flexibilidade/escolha.	Uniforme, com alguma flexibilidade/escolha.
	Baixo compartilhamento de custos.	Compartilhamento de custos.
Seguro de vida	Benefício alto, uniforme.	Nível médio, opções para o empregado.
Assistência médica e seguro de vida para o aposentado	Sim.	Varia.
Invalidez de médio e curto prazos	Benefício alto. Compreensiva.	Benefício médio, cobertura opcional disponível.

Fonte: adaptado de Flannery e colaboradores (1997:171).

Como se observa, há diferenças que necessitam ser contempladas quando da concepção do desenho dos programas de benefícios, que devem ser delineados segundo os valores e as práticas organizacionais. Na cultura Apolo, por exemplo, em que se valoriza a estabilidade, os benefícios devem refletir esse valor, qual seja: longevidade e segurança. Entretanto, quando a cultura privilegia valores e comportamentos como dinamismo e flexibilidade, manter a ênfase anterior significaria a transmissão de uma mensagem distinta dos valores e comportamentos que a empresa deseja cultivar. Assim, diferentes benefícios deverão ser ofertados.

O segundo exemplo refere-se ao modelo denominado "carreira em Y".

Vale assinalar que o conceito carreira esteve associado, durante muito tempo, à forma como se avaliavam e estruturavam cargos, tendo em vista a complexidade do trabalho e o tempo demandado para o domínio de diferentes níveis de aprendizado e de amadurecimento necessário ao perfeito desempenho das tarefas.

Esse conceito, entretanto, sofreu alterações. O atual contexto corporativo impôs novas formas de organização do trabalho que demandaram outras concepções de carreira. Nas organizações em que prevalece a cultura de trabalho baseada em tempo, por exemplo, é demandada a figura do especialista, que algumas denominam consultor interno, e que assume uma relevância cada vez maior no espaço empresarial, fazendo-se necessária a carreira em Y.

> A carreira em Y, ao contrário da carreira por linha hierárquica, tem como premissa a mobilidade e a ascensão do empregado pelo exercício de funções gerenciais ou pela ocupação de funções técnicas, consideradas de alto valor agregado para a empresa. A carreira em Y possibilita a criação de uma estrutura de administração de cargos e salários mais flexível, na qual o empregado pode transitar em uma das duas linhas (gerencial e técnica) sem tornar a estrutura organizacional mais pesada, além de valorizar a especialização técnica [Souza et al., 2006:52].

Nessa linha de pensamento, Dutra (Dutra et al., 2010:121) assinala que "a base em Y, com característica técnica, permite que o profissional técnico em estágio mais maduro de sua carreira possa efetuar a opção pela carreira técnica ou gerencial". Isso significa que, ao agruparmos empregados considerados chave para o negócio em um braço paralelo aos níveis gerenciais ou até mesmo de diretoria, além de proteger o capital intelectual e o potencial de desenvolvimento dos mesmos, estaremos retendo-os e prestigiando-os com condições de remuneração e de compensação às suas contribuições e relevâncias para a estratégia de desenvolvimento organizacional.

A chamada carreira em Y tem sido muito utilizada em organizações em que a tecnologia é a base fundamental para sua sustentabilidade e como estratégia de posicionamento competitivo.

Vale salientar que o mercado de telecomunicação e, em especial, o de telefonia móvel fizeram uso intensivo da carreira em Y no fim da década de 1990 e início dos anos 2000. Seu objetivo era garantir a permanência e a atratividade de um grupo de profissionais com competência técnica em nível de excelência. Esse mercado foi extremamente impactado pela concorrência acirrada, fruto de novos entrantes e dos avanços tecnológicos. Esse ambiente de negócios exigiu que as organizações gerenciassem os empregados ali alocados de forma diferenciada e com um *total cash* ano bastante agressivo.

Sem dúvida, sempre foi um desafio para as organizações a retenção de talentos. Entretanto, quando o sucesso organizacional depende de conhecimento consistente e diferenciado, do domínio da tecnologia, a manutenção de profissionais com essas competências é vital para a consecução e a sustentação da vantagem competitiva.

Nessa linha de pensamento, fica mais clara a importância do reconhecimento e da valorização do empregado por meio dos componentes financeiros representados por salários-base, benefícios, remuneração variável, mas também pela possibilidade de desenvolvimento de carreira.

Todas essas variáveis contribuem para agregar, à remuneração tradicional, componentes capazes de transformar a remuneração total em estratégica, entendida como habilidade em expressar a valorização do conjunto de atributos apresentados pelos empregados que se transformam em performance, superação e excelência operacional.

Um ponto importante da agenda do mundo corporativo é o convencimento dos dirigentes e agentes de mudança quanto à necessidade da busca constante de melhorias em suas arquiteturas de sistemas de remuneração. Estas devem expressar, de modo efetivo, os valores e crenças da cultura de trabalho que caracteriza cada organização.

Como observado no capítulo 1, as demandas do contexto corporativo têm imposto drásticas mudanças organizacionais, e a arquitetura do sistema de remuneração pode auxiliar a sustentar o processo de transformação de valores e práticas organizacionais. Necessita, para tanto, estar alinhada à cultura de trabalho mais aderente à consecução dos objetivos organizacionais. Dito de outro modo, a arquitetura do sistema de remuneração deve contemplar elementos que, associados, favoreçam a emergência das competências necessárias ao enfrentamento dos desafios competitivos.

Cultura organizacional e as arquiteturas dos sistemas de remuneração

No capítulo 1, apontamos as transformações observadas no ambiente das organizações e seus impactos. Nosso objetivo, neste ponto, é relacionar culturas de trabalho e arquiteturas dos sistemas de remuneração. O trabalho desenvolvido pela equipe Hay foi nossa âncora.

O esquema da figura 11 apresenta as culturas moldadas pelas recentes transformações ocorridas no campo das organizações, descritas no capítulo 1. Ele associa as duas tipologias apresentadas, ou seja, a cultura do trabalho combinada com aquelas descritas por Handy (2014). Logo, é oportuno destacar que a cultura voltada para funções enfatiza a confiabilidade em linhas claras de autoridade e responsabilidade. Por sua vez, a cultura orientada para processos privilegia a satisfação do cliente a partir do aperfeiçoamento contínuo das operações. A cultura baseada em tempo apresenta, como prioridades estratégicas, a flexibilidade e agilidade, seguidas da tecnologia, para vencer a competição acirrada e conquistar e fidelizar clientes. Por fim, a cultura baseada em redes tem como lógica a concepção, segundo Flannery e colaboradores (1997:54), de que relacionamentos e não estruturas devem orientar o trabalho. Assim, segundo os autores, a cultura em rede, ao contrário da cultura voltada para funções, enfatiza a eficácia com que as pessoas são capazes de trabalhar juntas e não como os cargos específicos são definidos ou como se encaixam na estrutura organizacional. As forças que impulsionam as empresas que apresentam essa cultura de trabalho são a inovação, a mobilidade e a criação de mercados e a penetração neles.

Figura 11
ASSOCIANDO AS TIPOLOGIAS

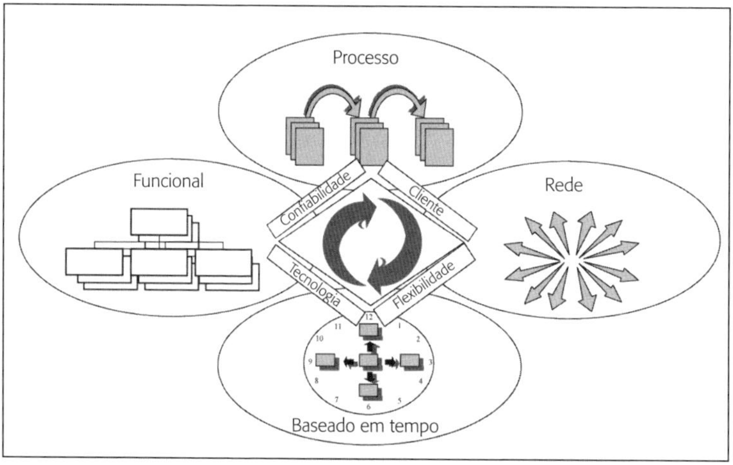

Fonte: adaptada de Flannery e colaboradores (1997:45).

Como vem sendo explicitado, cada cultura é produto do contexto no qual atua a organização; logo, mudanças ambientais acarretam mudanças de paradigmas que norteiam as crenças, os valores e as práticas empresariais. Como ponto de partida, assinalamos que a cultura baseada em funções decorreu do credo de que a divisão do trabalho garantiria o aumento de produtividade homem/hora.

O trabalho foi concebido segundo a lógica da organização racional do trabalho, que possibilitou a redução de desperdício de tempos e movimentos inúteis. A emergência dessa cultura decorreu de um ambiente organizacional relativamente estável. Sem dúvida, esse contexto favorece a disseminação da crença da importância da estabilidade dos padrões, da necessidade de existência de linhas claras de autoridade e de responsabilidade.

O trabalho, segundo essa lógica, é concebido por meio de uma especialização excessiva. Os empregados bem-sucedidos são pessoas que valorizam a disciplina, a segurança e a ordem. Esses atributos, associados a estruturas de controles e comandos rígidos, representavam o passaporte para o sucesso empresarial. Portanto, a modelagem que caracteriza a cultura por funções se apoia na lógica da recompensa financeira baseada no valor do cargo, no preço de mercado, na aquisição de *know-how* especializado, adquirido ao longo da carreira, assegurando assim a aplicação confiável da tecnologia, conforme esquema apresentado na figura 12.

Figura 12
CULTURA VOLTADA PARA AS FUNÇÕES

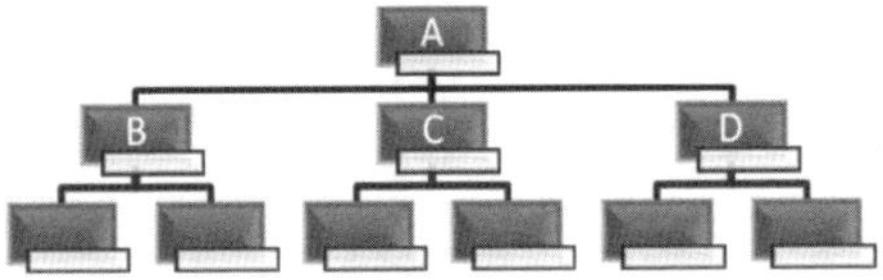

	Estruturas de controles e comandos rígidos
Premissas da arquitetura do sistema de remuneração	Filosofia básica do sistema
Valor do cargo	Promoção
Preço de mercado	Mérito
Desempenho individual	Carreira hierárquica
Variação moderada do salário-base	

Fonte: adaptada de Flannery e colaboradores (1997:46).

Como vimos no decorrer dos capítulos anteriores, o paradigma da cultura voltada para funções começou, por volta dos anos 1970, a dar sinais de esgotamento. Começam a ser desenvolvidas, a partir de então, novas formas de organização do trabalho.

Vale recordar que, nessa época, a ênfase na qualidade e na satisfação do cliente ganha relevância. Como resultado, tem início o processo de mudança de paradigma. A cultura baseada em funções começa a ceder espaço para a cultura voltada para processos.

As culturas de trabalho orientadas para processos (figura 13) têm seu olhar voltado para o atendimento das demandas dos clientes. Os empregados passam a ser reconhecidos e valorizados pelas suas competências: pela capacidade de trabalhar em equipe e apresentar orientação para os clientes, entre outras. Assim, a cultura voltada para processo tem como base para o sistema de remuneração recompensar por contribuições aos processos baseados em equipes, compartilhar recompensas em grupos visando ao cultivo da confiabilidade na satisfação do cliente.

Figura 13
CULTURA VOLTADA PARA PROCESSOS

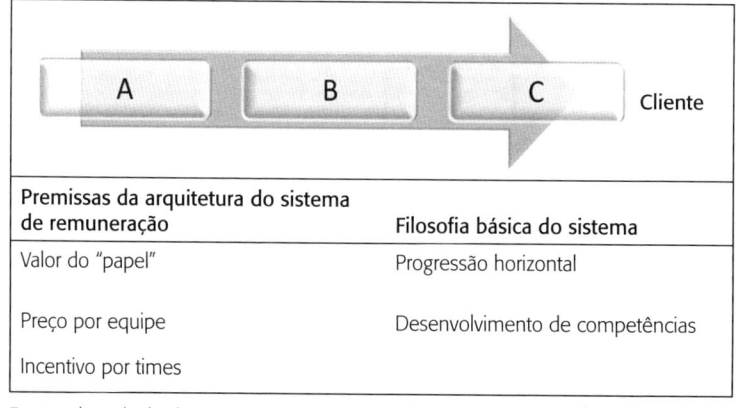

Premissas da arquitetura do sistema de remuneração	Filosofia básica do sistema
Valor do "papel"	Progressão horizontal
Preço por equipe	Desenvolvimento de competências
Incentivo por times	

Fonte: adaptada de Flannery e colaboradores (1997:146).

A cultura baseada em tempo, expressa por meio de uma estrutura matricial, combina a lógica funcional e a lógica de processos. Essa cultura é encontrada em empresas que buscam ser flexíveis e ágeis, além de priorizar igualmente a tecnologia e a necessidade de seus clientes. Segundo Flannery (Flannery et al., 1997:52), as empresas com essa cultura de trabalho utilizam

> recursos humanos e financeiros da melhor maneira possível; essas empresas lutam para dominar os mercados durante as fases de lucratividade e, então, procuram novas oportunidades à medida que esses mercados alcançam um estágio maduro e de baixo retorno. Em muitos casos, as culturas baseadas em tempo estão muito à frente do cliente na definição de novas aplicações, oportunidades e produtos que criam mercados e geram novas fontes de capital.

As culturas de trabalho baseadas em tempo (figura 14) buscam assegurar a disponibilidade de talentos necessários para cumprir um projeto dentro de metas, tempo, custo e produtividade, e participar de programas de alto impacto para maximizar resultados para os acionistas através de aplicações flexíveis de tecnologias.

Figura 14
CULTURA BASEADA EM TEMPO

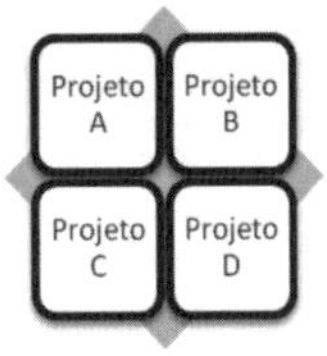

Premissas da arquitetura do sistema de remuneração	Filosofia básica do sistema
Valor da contribuição pessoal no projeto	Diferenciação por competências
Valor de mercado	Faixas amplas
Reconhecimento individual	Remuneração variável de acordo com o porte do projeto
Remuneração variável por resultado do projeto	

Fonte: adaptada de Flannery e colaboradores (1997:146).

Por sua vez, as empresas que possuem a cultura de trabalho baseada em redes (figura 15) buscam atrair talentos que possam produzir empreendimentos inovadores que vão ao encontro das necessidades imediatas dos clientes, através de aplicações flexíveis de recursos.

As forças que impulsionam essas empresas são a inovação, a mobilidade e a penetração em mercados. Os indivíduos bem-sucedidos são os que apresentam o perfil inovador, arrojado, bom relacionamento interpessoal e que entregam excelentes resultados.

As culturas de trabalho baseadas em redes projetam sistemas de remuneração focados no valor do profissional.

Figura 15
CULTURA EM REDE

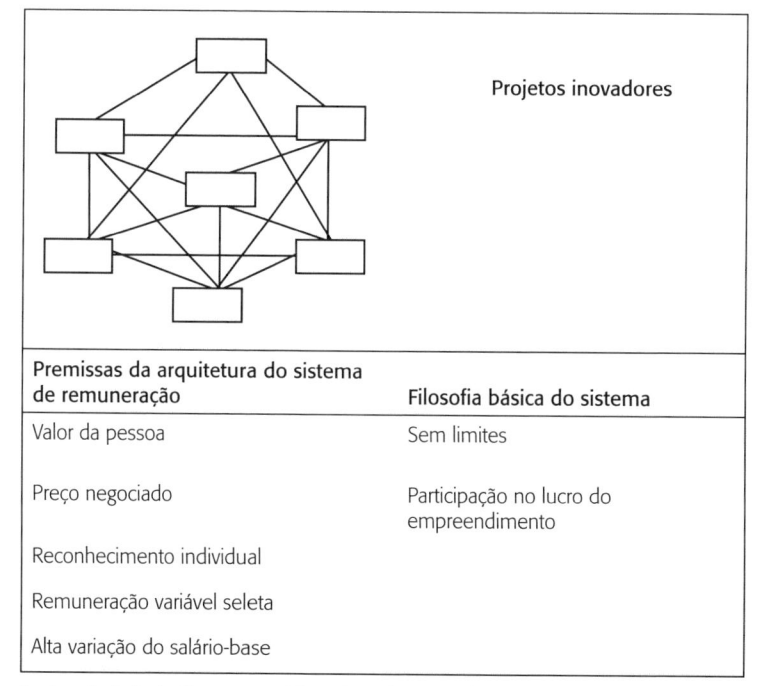

	Projetos inovadores
Premissas da arquitetura do sistema de remuneração	**Filosofia básica do sistema**
Valor da pessoa	Sem limites
Preço negociado	Participação no lucro do empreendimento
Reconhecimento individual	
Remuneração variável seleta	
Alta variação do salário-base	

Fonte: adaptada de Flannery e colaboradores (1997:146).

Este capítulo buscou enfatizar que não existe um modelo universal de remuneração a ser aplicado às organizações. A remuneração estratégica é, antes de tudo, uma forma de a organização se relacionar com sua ambiência de modo efetivo. Há diversos tipos de organizações, desde as mais tradicionais, geralmente descritas como verticalizadas, até as virtuais, ou seja, as organizações que se caracterizam pela flexibilidade e totalmente assentadas na tecnologia da informação. Cada uma requer um sistema de recompensa financeira específico. Logo, a pergunta "Qual a melhor arquitetura de remuneração?" possui apenas uma resposta: "É a que for mais aderente à cultura e aos objetivos da organização".

Conclusão

A preocupação com a questão de recompensas financeiras sempre esteve presente na agenda dos teóricos e práticos da administração, desde seus primórdios.

Passadas décadas, a preocupação com o tema é fato incontestes, assim como o discurso gerencial da conciliação entre os interesses organizacionais e os dos empregados. Entretanto, as formas de realizar essa harmonização vêm sendo revisitadas à medida que a própria empresa vem sendo reinventada.

A princípio, corpos disciplinados e obedientes a controles e comandos rígidos eram recompensados pelos prêmios por produção. O elemento humano era concebido como um apêndice da máquina e deveria respeitar seu ritmo. O trabalho se caracterizava pela reprodutividade, lastreado em ciclos curtos e com pouca variação.

A remuneração tradicional emerge nesse contexto. Seu foco é a tarefa, o trabalho prescrito. A recompensa financeira, enquanto estratégia gerencial, objetivava a compensação do empregado pelos serviços prestados. A questão monetária era vista como o único incentivo ao aumento da produtividade, na medida em que o ser humano era concebido, no espaço organizacional, por uma ótica puramente econômica. A concepção e a gestão do sistema de remuneração eram trabalhadas numa perspectiva instrumental. A divisão rígida das tarefas garantia a maestria do trabalhador. Sua superespecialização, por sua vez, era reconhecida e valorizada por meio da estabilidade e pelo ganho por tempo de empresa.

Aos gestores cabia o exercício de uma supervisão cerrada, garantindo o alcance dos resultados esperados. Sua postura era, portanto, a de um juiz que avalia, segundo padrões por ele próprio determinados, o trabalho realizado.

A recompensa ou a punição explicitava o comportamento do empregado em face das ordens dadas.

O modelo foi vitorioso durante várias décadas. A remuneração baseada no cargo, ou seja, no valor atribuído ao conjunto de tarefas pertinentes a um empregado, deriva dessa concepção de trabalho e de gerenciamento. Entretanto, a partir dos anos 1970, esse modelo começou a dar sinais de esgotamento. O mundo dos negócios foi abalado por um verdadeiro *tsunami*. Uma nova ordem tem início. A reprodutividade, a divisão rígida de tarefas e os trabalhos individualizados foram substituídos pela criatividade, flexibilidade e multiespecialização. O mantra gerencial passou a ser a descentralização, a autogestão, o trabalho em equipe, o aprendizado contínuo. Dito de outro modo, a gestão ganhou novos contornos. Os gestores foram obrigados a mudar suas posturas. O novo contexto impunha a necessidade de novas competências, capazes de gerar respostas efetivas aos desafios que se apresentavam.

Esse é o cenário que faz emergirem novas formas de viabilizar, por meio do esforço compartilhado, alinhado e comprometido de pessoas, a consecução dos resultados planejados. Essas passaram a ser reconhecidas como elementos-chave para o sucesso organizacional. Por meio de suas competências, podem criar alternativas para a solução de problemas.

Nesse sentido, as arquiteturas dos sistemas de recompensas financeiras precisaram ser reconfiguradas, criando-se mecanismos para que a vinculação de resultados individuais fosse atrelada aos resultados de equipes e à performance corporativa. A lógica da gestão baseada em recursos (RBV) ganha espaço no mundo dos negócios e na gestão de pessoas, e consequentemente nos sistemas de recompensas financeiras. O que antes ficava restrito à área comercial passa a ser disseminado para toda a corporação: "sua remuneração é você que a faz".

Esse discurso expressa apenas parte da verdade, na medida em que a figura gerencial é fundamental à criação de um ambiente de trabalho capaz de estimular o engajamento dos empregados aos objetivos corporativos. Assim, torna-se indispensável, na atuação da liderança gerencial, a presença de atributos capazes de fazer frente aos desafios do novo ambiente de negócios. Segundo Lawler III e colaboradores (1998), esses atributos são o compartilhamento, por todos os membros de uma organização, do poder, da informação, do conhecimento e das recompensas.

Finalmente, leitor, queremos deixar algumas importantes reflexões:

- A gestão da remuneração não se limita à concepção e à escolha do modelo mais adequado à organização em face da concorrência, da cultura e arquitetura organizacionais – questões relacionadas ao conhecimento técnico e instrumental do ambiente de negócios.
- O grande desafio a ser vencido está relacionado à forma pela qual será conduzido o processo de gerenciamento do modelo selecionado.
- Só haverá ganhos para os actantes organizacionais se houver um ambiente propício ao desenvolvimento de parceria. Esse

ambiente só será construído por meio do comprometimento dos gestores das equipes com o real compartilhamento do poder, da informação e do conhecimento. Esses são os insumos do gerenciamento de pessoas, que tem como alvo o alinhamento de recompensas ao desempenho de excelência.

Referências

BARBOSA, L. *Cultura e empresas*. Rio de Janeiro: Jorge Zahar, 2002.

BECKER, B. E.; HUSELID, M. A.; ULRICH, D. *Gestão estratégica de pessoas com scorecard*: interligando pessoas, estratégia e performance. Rio de Janeiro: Campus, 2001.

BOHLANDER, G. et al. *Administração de recursos humanos*. São Paulo: Pioneira Thomson Learning, 2003.

BOSTON CONSULTING GROUP. *International Benchmarking Clearinghouse*: indicadores de desempenho. Boston, MA: BCG, 2005.

BOYER, R.; FREYSSENET, M. O mundo que mudou a máquina: síntese dos trabalhos do Gerpisa 1993-1999. *Nexos Econômicos*, Salvador, v. 2, n. 1, p. 15-38, out. 2000.

BRANDÃO, H. P.; GUIMARÃES, T. A. Gestão de competências e gestão de desempenho: tecnologias distintas ou instrumentos de um mesmo construto? *Revista de Administração de Empresas*, São Paulo, v. 41, n. 1, p. 8-15, jan./mar. 2001.

CAMPOS, V. F. *TQC*: controle da qualidade total (no estilo japonês). Rio de Janeiro: Bloch, 1992.

CARVALHO, I. M. V. et al. *Cargos, carreiras e remuneração*. Rio de Janeiro: FGV, 2011.

CASTELLS, M. *A sociedade em rede*. 11. ed. São Paulo: Paz e Terra, 2007.

COOPERS & LYBRAND. *A nova vantagem competitiva*. São Paulo: Atlas, 1996.

CORIAT, B. *Pensar pelo avesso:* o modelo japonês de trabalho e organização. Rio de Janeiro: Revan, 1994.

COSTA, A. L. M. C. A questão da produtividade. In: FLEURY, A. C. C.; VARGAS, N. *Organização do trabalho*. São Paulo: Atlas, 1987. p. 38-53.

DAFT, R. L. *Administração*. São Paulo: Thomson Learning, 2005.

DRUCKER, P. The coming of the new organization. *Harvard Business Review*, Boston, v. 66, n. 1, p. 45-53, jan./fev. 1988. Trad. Sylvia Constant Vergara sob o título "O futuro da nova organização". Mimeo.

DUTRA, J. S. *Competências:* conceitos e instrumentos para gestão de pessoas. São Paulo: Atlas, 2004.

_____ et al. *Gestão de carreiras na empresa contemporânea*. São Paulo: Atlas, 2010.

_____; HIPÓLITO, J. A. M. *Remuneração e recompensas*. Rio de Janeiro: Campus-Elsevier, 2012.

FAYOL, H. *Administração industrial e geral*. 10. ed. São Paulo: Atlas, 1990.

FISCHER, A. L. Um resgate conceitual e histórico dos modelos de gestão de pessoas. In: FLEURY, Maria Tereza Leme (Coord.). *As pessoas na organização*. São Paulo: Gente, 2002. p. 11-34.

FLANNERY, T. P. et al. *Pessoas, desempenho e salários*: as mudanças nas formas de remuneração nas empresas. São Paulo: Futura, 1997.

GALBRAITH, J. R.; LAWLER III, E. E. *Organizando para competir no futuro:* estratégia para organizar o futuro das organizações. São Paulo: Makron Books, 2003.

GERSTEIN, M. S. Das burocracias mecânicas às organizações em rede: uma viagem arquitetônica. In: NADLER, D. *Arquitetura organizacional*: a chave para a mudança empresarial. Rio de Janeiro: Campus, 1993. p. 3-27.

HAMEL, G.; PRAHALAD, C. K. *Competindo pelo futuro*: estratégias inovadoras para obter o controle do seu setor e criar os mercados de amanhã. Rio de Janeiro: Campus, 1995.

HANDY, Charles. *Os deuses da administração*: como enfrentar as constantes mudanças da cultura empresarial. São Paulo: Saraiva, 2014.

HIRATA, H. et al. Alternativas sueca, italiana e japonesa ao paradigma fordista: elementos para uma discussão sobre o caso brasileiro. In: SEMINÁRIO INTERDISCIPLINAR SOBRE MODELOS DE ORGANIZAÇÃO INDUSTRIAL, POLÍTICA INDUSTRIAL E TRABALHO, 1991, São Paulo. Anais... Abet/FEA-USP, 1991.

KAPLAN, R. S.; NORTON, D. P. *A estratégia em ação*. Rio de Janeiro: Campus, 1997.

LAWLER III, E. *Strategic pay*: aligning organizational strategies and pay systems. São Francisco, CA: Jossey-Bass, 1990.

_____. *Motivation in work organizations*. São Francisco, CA: Jossey-Bass, 1994.

_____ et al. *Strategies for high performance organizations*: the CEO report. São Francisco, CA: Jossey-Bass, 1998.

LINS, J.; WOOD JR., T. Remuneração estratégica: a nova vantagem competitiva. *Rae Light*, São Paulo, v. 2, n. 4, p. 21-25, 1995.

MARRAS, J. P. *Administração de recursos humanos*. 3. ed. São Paulo: Futura, 2000.

MONTGOMERY, C. A.; PORTER, M. E. (Org.). *Estratégia*: a busca da vantagem competitiva. Rio de Janeiro: Elsevier, 1998.

MORGAN, G. *Imagens da organização*. São Paulo: Atlas, 1999.

NASCIMENTO, L. P.; CARVALHO, A. V. *Gestão estratégica de pessoas*: sistemas, remuneração e planejamento. Rio de Janeiro: Qualitymark, 2012.

PASCHOAL, L. *Como gerenciar a remuneração na empresa*. Rio de Janeiro: Qualitymark, 2006.

PASTORE, J. *Encargos sociais, salários, emprego e competitividade*. São Paulo: LTr, 1997.

PONTES, B. R. *Administração de cargos e salários*. 8. ed. São Paulo: LTr, 2000.

PORTER, M. E. *Vantagem competitiva:* criando e sustentando um desempenho superior. Rio de Janeiro: Campus, 1989.

PRICEWATERHOUSECOOPERS. *Reward Communities*®: pesquisa de salários e benefícios. São Paulo: PWC, 2011.

SCHEIN, E. *Guia de sobrevivência da cultura corporativa*. Rio de Janeiro: José Olympio, 1999.

SOUZA, M. Z. A. *Modernização sem mudanças*: da contagem de cabeças à gestão estratégica de pessoas. Tese (doutorado em engenharia de produção) – Departamento de Engenharia de Produção, Universidade Federal de São Carlos, São Carlos, SP, 2011.

_____; SOUZA. V. L. *Gestão do elemento humano*: uma estratégia efetiva. Rio de Janeiro: FGV, 2015.

_____ et al. *Cargos, carreiras e remuneração*. Rio de Janeiro: FGV, 2006.

TADEU, A. M. *Gestão de programas de remuneração*: conceitos, aplicações e reflexões. Rio de Janeiro: Qualitymark, 2011.

TAYLOR, F. W. *Princípios de administração científica*. 8. ed. São Paulo: Atlas, 1990.

WERNERFELT, B. A resource based view of the firm. *Strategic Management Journal*, [s.l.], v. 5, n. 2, p. 171-180, 1984.

WOMACK, J. P.; JONES, D. T.; ROSS, D. *A máquina que mudou o mundo*. 13. ed. Rio de Janeiro: Campus, 1992.

WOOD JR., T. *Remuneração e carreira*. 3. ed. São Paulo: Atlas, 2004.

_____; PICARELLI FILHO, V. *Remuneração estratégica*. São Paulo: Atlas, 1999.

_____ et al. *Mudança organizacional.* São Paulo: Atlas, 2009.

XAVIER, P. R.; SILVA, M. de O.; NAKAHARA, J. M. *Remuneração variável*: quando os resultados falam mais alto. São Paulo: Makron Books, 1999.

ZARIFIAN, P. *Objetivo competência*: por uma nova lógica. São Paulo: Atlas, 2001.

ZIMPECK, B. G. *Administração de salários.* 7. ed. São Paulo: Atlas, 1992.

Apêndices

Apêndice A – Modelo de descrição de cargo que poderá ser implementado

TÍTULO DO CARGO:	
Código do cargo:	CBO:
Área:	Setor:
DESCRIÇÃO SUMÁRIA / OBJETIVO PRINCIPAL DO CARGO	
A descrição sumária nada mais é do que um resumo de todas as funções relacionadas abaixo, de forma clara e objetiva, possibilitando uma visão geral da função exercida pelo ocupante deste cargo. Utilizar verbos no infinitivo. Normalmente consome de três a cinco linhas aproximadamente. Não deve ultrapassar cinco linhas.	
DESCRIÇÃO DETALHADA / PRINCIPAIS ATRIBUIÇÕES	

Descrição detalhada:
❏ A descrição detalhada deve, como o nome diz, detalhar as atividades exercidas pelo ocupante de forma clara e objetiva, agrupando em tópicos cada tarefa.
❏ Cada tópico deverá responder, dentro das circunstâncias de cada cargo, a pelo menos as três primeiras perguntas:
  ❏ O que faz
  ❏ Como faz
  ❏ Para que o faz
  ❏ Quando faz
  ❏ Onde faz
❏ Procure utilizar sempre verbos de ação, no infinitivo.
❏ Apesar de ser uma descrição detalhada, procure não se estender em demasia para evitar a redundância.
❏ Não se esqueça de remover as linhas em excesso, de forma que a descrição não ultrapasse duas folhas.	

TÍTULO DO CARGO:	
REQUISITOS MÍNIMOS	REQUISITOS DESEJÁVEIS
Escolaridade:	Escolaridade:
Experiência:	Experiência:
Conhecimentos teóricos:	Conhecimentos teóricos:
Conhecimentos práticos:	Conhecimentos práticos:
APROVAÇÃO	DATA

Apêndice B – Sugestão de formulário para pesquisa salarial

Título do cargo:						
Código do cargo/Superior imediato:						
Escolaridade:			Experiência:			
Descrição sumária do cargo (máximo seis linhas):						
Título do cargo na organização pesquisada:						
Diferenças observadas no conteúdo do cargo:						
Freq.	Salário-base	Carga horária	Bônus	Gratificação	PLR	Outros

Apêndice C – Exemplo de descrição dos graus hierarquizados

	Descrição dos graus hierarquizados para classificação de cargos
Grau I	❏ Cargos com escolaridade – ensino fundamental. ❏ Cargos que exigem experiência com até seis meses. ❏ O grau de responsabilidade é baixo. ❏ Tarefas simples e rotineiras, não apresentando nenhum grau de dificuldade para sua execução. ❏ A supervisão sobre o trabalho é constante, exigindo maior acompanhamento das tarefas executadas. ❏ Esses cargos estão sujeitos a instruções explícitas, não dando margem a nenhuma variação na forma de execução das tarefas.
Grau II	❏ Cargos com escolaridade – ensino médio. ❏ Cargos que exigem experiência de seis meses a 18 meses. ❏ O grau de responsabilidade é baixo para médio. ❏ Tarefas rotineiras com reduzido número de elementos de variedade, caracterizando atividades auxiliares nas diversas áreas da organização. ❏ A supervisão das tarefas não é constante, mas exige instruções no início e no final do trabalho. ❏ Esses cargos estão sujeitos a instruções detalhadas, e as poucas variações permitidas são previamente estabelecidas.
Grau III	❏ Cargos com escolaridade – ensino médio. ❏ Cargos que exigem experiência de um ano e meio a três anos. ❏ O grau de responsabilidade é médio. ❏ Tarefas ainda rotineiras, mas já apresentando, em alguns casos, certa dificuldade para sua execução, o que exige um pequeno grau de iniciativa, obedecendo, no entanto, a um padrão predefinido. ❏ A supervisão das tarefas não é constante, mas exige instruções no início e no final do trabalho.
Grau IV	❏ Cargos com escolaridade – ensino médio completo e curso de especialização/aperfeiçoamento na área de atuação. ❏ Cargos que exigem experiência de três a cinco anos. ❏ O grau de responsabilidade é médio para alto. ❏ Tarefas pouco rotineiras e variadas em seus detalhes. O ocupante lida com problemas e se baseia em precedentes para desenvolver ideias originais, visando à solução de problemas. ❏ A supervisão só ocorre nas tarefas com alto grau de complexidade.
Grau V	❏ Cargos que exigem curso superior completo. ❏ Cargos que exigem experiência de seis a oito anos e treinamentos na área de atuação. ❏ O grau de responsabilidade é alto, envolvendo cuidados específicos na execução do trabalho. ❏ Tarefas complexas e variadas. O ocupante lida frequentemente com situações variadas, algumas delas complexas. O trabalho exige planejamento e análise de seus elementos, antes de ser iniciado. São exigidas algumas soluções originais para o desenvolvimento de suas tarefas. ❏ A supervisão é exercida somente em situações que exigem planejamento envolvendo outras áreas da organização.

Continua

Descrição dos graus hierarquizados para classificação de cargos	
Grau VI	☐ Cargos que exigem curso superior completo e cursos de especialização na área. ☐ Cargos que exigem experiência de mais de nove anos, além de treinamentos específicos. ☐ O grau de responsabilidade é alto e vital para os resultados da organização. ☐ Trabalho altamente complexo, em que é necessário analisar as várias alternativas de soluções, e caracterizado, principalmente, pela falta de precedentes e padrões predefinidos, exigindo, portanto, elevado grau de qualificação. ☐ A supervisão é exercida por meio das diretrizes e resultados estabelecidos.

Apêndice D – Exemplo de fatores que podem ser utilizados para avaliação de cargos administrativos por pontos

Sugestão de avaliação de cargos administrativos		
Fatores de avaliação		
1. Fator instrução Esse fator avalia o estudo das aptidões mentais exigidas pelo cargo, as quais podem ser adquiridas por instrução (teórica) formal advinda de cursos acadêmicos, especializações ou cursos de extensão.		
Descrição	Graus	Pontos
☐ Ensino fundamental completo.	I	
☐ Ensino médio completo.	II	
☐ Ensino médio completo com curso de especialização.	III	
☐ Superior completo.	IV	
☐ Pós-graduação.	V	
2. Fator conhecimento Esse fator avalia os conhecimentos adicionais específicos exigidos para o exercício do cargo, além dos mencionados no item anterior, como cursos extracurriculares, treinamentos, estágios etc.		
Descrição	Graus	Pontos
☐ O cargo requisita formação básica para conhecimento dos problemas administrativos gerais.	I	
☐ O cargo requisita conhecimentos em operação de máquinas de calcular e computador (digitação e sistema Windows/Linux).	II	

Continua

Sugestão de avaliação de cargos administrativos		
Fatores de avaliação		
❏ O cargo requisita conhecimentos em máquinas de calcular, informática (Windows, Word e Excel).	III	
❏ O cargo requisita conhecimentos estatísticos, planilhas eletrônicas avançadas e relatórios gerenciais, informática e apresentações gerenciais em forma de slides.	IV	
3. Fator experiência Esse fator avalia o tempo estimado de que o ocupante do cargo precisaria para desempenhar normalmente as tarefas descritas no respectivo cargo.		
Descrição	Graus	Pontos
❏ Até um ano.	I	
❏ De um a três anos.	II	
❏ De três a seis anos.	III	
❏ Acima de seis anos.	IV	
4. Fator complexidade e iniciativa Esse fator avalia a capacidade e habilidade para tomar decisões e a iniciativa de como fazer a tarefa a cada nova situação apresentada, seja através das instruções recebidas, através das normas e procedimentos ou verbalmente.		
Descrição	Graus	Pontos
❏ O cargo requisita pouca iniciativa, as tarefas são simples, padronizadas ou orientadas pela supervisão.	I	
❏ O cargo requisita certo grau de iniciativa, as tarefas são semirrotineiras, seguindo certo padrão, mas apresentando médio nível de complexidade em determinadas partes do processo.	II	
❏ O cargo requisita iniciativa na execução das tarefas, que nem sempre seguem um padrão, dependendo, em vários momentos, da capacidade de avaliação e discernimento por parte do ocupante do cargo para a tomada de decisão.	III	
❏ O cargo requisita alto grau de iniciativa, planejamento e interpretação. As tarefas são complexas, exigem soluções variadas e alto grau de responsabilidade quanto aos resultados esperados.	IV	

Continua

Sugestão de avaliação de cargos administrativos		
Fatores de avaliação		
5. Fator responsabilidade por erros Esse fator avalia o grau de responsabilidade para evitar erros e a respectiva consequência para a organização.		
Descrição	Graus	Pontos
❏ O cargo requisita baixa responsabilidade por erros, já que as consequências, uma vez ocorrendo, serão mínimas.	I	
❏ O cargo exige certo grau de responsabilidade, e a falta de atenção ou precisão na execução de determinadas tarefas poderá acarretar consequências de grau médio para a organização.	II	
❏ O cargo requisita alto grau de responsabilidade, exigindo considerável atenção, executando as tarefas e acompanhando seus reflexos, pois qualquer erro poderá causar prejuízos consideráveis para a organização.	III	
❏ O cargo requisita responsabilidade máxima na execução das tarefas, as quais devem ser executadas com total exatidão. Os resultados precisam ser acompanhados e antecipados, pois qualquer erro poderá resultar em elevadas perdas financeiras para a organização.	IV	

Apêndice E – Modelo de normas para a administração do PCS

Enquadramento na tabela salarial

Todo empregado deve estar enquadrado em um dos valores salariais (estágios) da faixa salarial prevista para seu cargo. O valor específico será estabelecido em função das alterações funcionais ocorridas a partir da admissão e durante sua permanência na organização, obedecendo aos critérios que se seguem.

Admissão de um novo empregado

A contratação de um novo empregado se dará preferencialmente no valor inicial (primeiro salário) da faixa salarial prevista para seu cargo. Em casos excepcionais, por questões de mercado e/ou por exclusivo interesse na captação de determinado profissional, a admissão pode se dar em valores intermediários da faixa, resguardando-se, no entanto, o equilíbrio interno com os demais empregados já pertencentes aos quadros da organização. Portanto, o novo empregado não fará jus ao ajuste salarial de efetivação.

Promoção

As promoções contribuem de forma decisiva para o aprimoramento, o desenvolvimento e a melhoria da qualidade dos recursos humanos. Buscam alocar o empregado mais adequado às funções em aberto, inclusive nas oportunidades surgidas nas diversas áreas da organização, distribuindo de forma equitativa e transparente as oportunidades entre os empregados, atuando na estruturação/alteração de equipes, solucionando problemas de adaptação, direcionando as carreiras, preparando sucessões.

Promoção representa a ascensão do empregado de um cargo para outro classificado em uma grade superior à atual e, consequentemente, para uma faixa salarial com maior dimensão. Isso necessariamente requer do empregado a aquisição de maior maturidade, melhoria do nível de capacitação e habilitação profissional, por ter assumido novas responsabilidades e tarefas.

Preferencialmente, as promoções deverão privilegiar os empregados com maior tempo de casa, desde que se enquadrem nos critérios definidos para a promoção.

O empregado deverá, preferencialmente, ser enquadrado no valor inicial (primeiro salário) previsto na faixa salarial para seu novo cargo. Caso já receba salário equivalente ao da nova faixa salarial, será efetivada sua promoção e, ao completar 90 dias na nova função, será automaticamente efetivado no primeiro salário superior ao atual. Caso seja necessário, um aumento superior a 15%, o reajuste excedente deverá ser processado a cada três meses da data da aprovação, também limitado a 15%, e assim sucessivamente, até alcançar o valor previsto.

A promoção estará vinculada ao número de vagas previstas no planejamento do quadro de pessoal aprovado para cada gerência.

Progressão

É o aumento de salário de um empregado decorrente do deslocamento de um salário para outro mais elevado dentro da mesma faixa salarial, não implicando a mudança de cargo, e tendo como objetivos principais:

- reconhecer a diferenciação de performance (maior capacitação, melhor desempenho, melhor qualidade e maior produtividade no exercício das atividades previstas para seu cargo);
- reconhecer os profissionais disciplinados, disponíveis e assíduos;
- equacionar as demandas e necessidades da organização;
- permitir a abertura de novos desafios para os empregados da organização, renovando assim o aspecto da motivação;
- permitir um melhor aproveitamento dos potenciais da organização;
- vivenciar novas situações profissionais como forma de preparação para assumir um novo estágio na carreira;
- possibilitar a ascensão planejada;
- adequar-se ao mercado.

Esse aumento, denominado progressão salarial, não é um reajuste automático e não deverá ocorrer sistematicamente todos os anos para um mesmo empregado. Os ajustes salariais decorrentes da progressão salarial não poderão ser superiores a dois estágios salariais ao ano, ficando também limitados ao máximo de quatro estágios salariais a cada quatro anos.

Para a concretização da progressão salarial do empregado, serão avaliados os últimos 12 meses imediatamente anteriores à efetivação da progressão, levando-se em consideração a análise dos seguintes pontos:

- assiduidade (faltas, atrasos e saídas antecipadas), independentemente do fato gerador;
- advertências verbais ou escritas, independentemente do fato gerador;
- assiduidade nos treinamentos em que se inscreveu para participar;
- assiduidade nas reuniões da Cipa, quando integrante dessa comissão;
- definição de uma pontuação mínima na última avaliação individual.

Criação de um novo cargo

Ocorrendo a necessidade da inclusão de um novo cargo na estrutura de cargos, esta só poderá ser feita pelo gestor do plano de cargos e salários da organização.

Deverá ser analisada a real necessidade da criação do novo cargo e, em caso positivo, serão realizados sua descrição (responsabilidades, atividades e requisitos), sua classificação e seu enquadramento na categoria (classe), sem, no entanto, perder de vista o referencial do mercado.

Reclassificação de cargo

É a mudança do cargo já existente no plano, de uma categoria para outra superior, decorrente de alterações significativas em seu escopo, na complexidade das tarefas e/ou nas qualificações exigidas para o cargo. Só poderá ser feita pelo gestor do plano de cargos e salários da organização.

Deverá ser analisada a real necessidade da reclassificação cargo e, em caso positivo, serão realizados sua nova descrição e seu enquadramento na nova categoria (classe), sem, no entanto, perder de vista o referencial do mercado.

Correções salariais

Acordo/convenção coletiva de trabalho

É a concessão de reajuste salarial decorrente de convenções e/ou acordos coletivos, conforme a data-base de cada unidade da organização.

Mercado

É um parâmetro utilizado para garantir a competitividade das estruturas salariais. O instrumento utilizado para a aferição do mercado é a pesquisa salarial, que pode estar prevista nas seguintes situações:

- uma vez por ano, visando ao monitoramento do mercado;
- em qualquer época, conforme a necessidade da organização, visando corrigir distorções salariais.

Recomposição da inflação

É a concessão de reajuste salarial por liberalidade da organização, visando amenizar o efeito da inflação sobre os salários, e está vinculada à capacidade econômico-financeira da organização. Tem como objetivos:

- recomposição do poder de compra dos salários, em face do nível de inflação acumulada;
- acompanhar prática semelhante identificada no mercado.

Os autores

Maria Zélia de Almeida Souza

Doutora em engenharia de produção pela Universidade Federal de São Carlos (UFSCar/SP). Mestre em administração pela Escola Brasileira de Administração Pública (Ebap) da Fundação Getulio Vargas (FGV). Docente de cursos de pós-graduação da Escola de Pós-Graduação em Economia (EPGE) da FGV e do Instituto de Administração e Gerência (IAG) da Pontifícia Universidade Católica do Rio de Janeiro (PUC-Rio). Consultora em planejamento e recursos humanos. Realizou trabalhos em órgãos públicos e privados, de médio e grande portes. Coautora das publicações: *Cargos, carreiras e remuneração*, *Gestão de recursos humanos* e de artigos publicados no Brasil e no exterior. Tese publicada pelo Instituto de Pesquisa Econômica Aplicada (Ipea), em parceria com a Associação Brasileira de Estudos do Trabalho (Abet) – primeiro lugar obtido no certame "Prêmio Mundos do Trabalho, em Perspectiva Multidisciplinar", realizado em 2013. Professora convidada do FGV Management.

Francisco Rage Bittencourt

Mestre em gestão empresarial pela Escola Brasileira de Administração Pública e de Empresas (Ebape) da Fundação Getulio Vargas (FGV). Pós-graduado *lato sensu* em administração de recursos humanos pelo Instituto de Administração e Gerência (IAG) da Pontifícia Universidade Católica do Rio de Janeiro (PUC-Rio). Pós-graduado *lato sensu* em engenharia da produção e agronegócio pela Universidade Federal de Santa Catarina (UFSC). Graduado em administração pela Faculdade de Administração Maria Magalhães Pinto. Consultor organizacional. Possui obras publicadas na área de gestão e desenvolvimento de recursos humanos. É coautor dos livros *Cargos, carreira e remuneração* e *Liderança e gestão de pessoas em ambientes competitivos* e colaborador do livro *Gestão de projetos e o fator humano*. Professor convidado do FGV Management.

Jorge Cunha

Mestre em gestão empresarial pela Escola Brasileira de Administração Pública e de Empresas (Ebape) da Fundação Getulio Vargas (FGV) e pelo ISCTE de Portugal. Master em administração pelo Instituto de Pós-Graduação e Pesquisa em Administração da Universidade Federal do Rio de Janeiro (Coppead/UFRJ). Pós-graduado em administração executiva pela Universidade Federal do Estado do Rio de Janeiro, pós-graduado em recursos humanos pela Universidade de São Paulo (USP), pós-graduado em relações trabalhistas e sindicais pela Universidade Candido Mendes (Ucam). Tem experiência profissional de 27 anos como diretor executivo de RH. É professor dos cursos de pós-graduação do Instituto de Administração e Gerência (IAG Master) da Pontifícia Universidade Católica do Rio de Janeiro (PUC-Rio), Instituto Brasileiro de Mercado de

Capitais (Ibmec-Rio), Coppead, FGV Management e In Company. Atua como consultor em gestão empresarial e estratégica de pessoas. Coautor do livro *Cargos, carreiras e remuneração*.

Sérgio Campos Pereira Ramos

MBA em gestão empresarial pela Fundação Getulio Vargas (FGV), pós-graduado em administração de RH pelo Centro Universitário Uma, de Minas Gerais. É consultor organizacional e de RH e professor convidado da FGV Management. Possui diversas publicações e artigos técnicos. Atua como palestrante em congressos e encontros de administração e recursos humanos. Personalidade de RH 2014 pela Associação Brasileira de Recursos Humanos (ABRH) de Minas Gerais. Prêmio de Honra ao Mérito Profissional em Administração pelo Conselho Federal de Administração (CFA), âmbito Brasil 2014. Conselheiro da ABRH-MG e do Conselho Regional de Administração de Minas Gerais (CRA-MG). Possui mais de 28 anos de experiência nas áreas de gestão da remuneração, gestão do desempenho, relações trabalhistas, desenvolvimento humano, análise e racionalização de processos, diagnóstico e arquitetura organizacional. Atuou no Grupo Mendes Júnior, na área de recursos humanos. Implementou projetos como gestor e consultor em mais de 500 empresas nacionais e multinacionais.

Este livro foi impresso nas oficinas gráficas da Editora Vozes Ltda.,
Rua Frei Luís, 100 – Petrópolis, RJ.